▶ "十四五"高职院校财经精品系

生产企业物流业务操作

主　编/翁莹莹　　韩冬艳

副主编/陈静漪　　管丽华

产教融合　　校企合作

工学结合　　知行合一

西南财经大学出版社

中国·成都

图书在版编目(CIP)数据

生产企业物流业务操作/翁莹莹,韩冬艳主编;陈静漪,管丽华副主编.—成都:西南财经大学出版社,2023.6
ISBN 978-7-5504-5754-6

Ⅰ.①生… Ⅱ.①翁…②韩…③陈…④管… Ⅲ.①企业管理—物流管理 Ⅳ.①F273.4

中国国家版本馆 CIP 数据核字(2023)第 081040 号

生产企业物流业务操作
SHENGCHAN QIYE WULIU YEWU CAOZUO

主　编　翁莹莹　韩冬艳
副主编　陈静漪　管丽华

策划编辑:邓克虎
责任编辑:余　尧
责任校对:张　博
封面设计:墨创文化　张姗姗
责任印制:朱曼丽

出版发行	西南财经大学出版社(四川省成都市光华村街 55 号)
网　　址	http://cbs.swufe.edu.cn
电子邮件	bookcj@ swufe.edu.cn
邮政编码	610074
电　　话	028-87353785
照　　排	四川胜翔数码印务设计有限公司
印　　刷	郫县犀浦印刷厂
成品尺寸	185mm×260mm
印　　张	12
字　　数	276 千字
版　　次	2023 年 6 月第 1 版
印　　次	2023 年 6 月第 1 次印刷
书　　号	ISBN 978-7-5504-5754-6
定　　价	39.80 元

前言

　　随着全球经济一体化的深度推进、国内消费水平的不断提升、国外较大规模的国际制造业产能向国内转移，我国已成为全球重要的制造中心和大型的消费市场之一。在商品流通活动日趋频繁和产业政策大力扶持的双重因素推动下，我国生产制造业及物流业整体规模不断扩大，物流业及生产制造业处于上升阶段。通过本教材的学习，学习者能够有效提升生产物流相关岗位业务实践能力，掌握优化生产企业生产运作和物流管理的科学方法，并有助于提升企业运营效率和生产企业物流管理水平。

　　本教材共分4个项目（包括企业采购与供应物流业务操作、企业生产物流业务操作、企业销售物流业务操作、企业逆向物流业务操作），17个学习任务，全面系统地介绍了生产企业物流管理的内容及方法。本教材将知识点、技能点与企业实际生产运作流程紧密结合，具有较强的实用性与指导性。教材引入了企业案例资料、图表数据及多媒体资料，对生产企业的采购、生产、库存管理、销售、回收及退换货环节中各岗位操作人员进行的物流业务操作流程、方法、技巧及工作现场遵循的操作管理规范进行详细介绍，以期帮助学习者更好地理解与掌握相关知识点、技能点，提升解决实际问题的能力。

　　本教材由深圳鹏城技师学院资助，由深圳鹏城技师学院专业教师编写而成，是现代物流专业一体化系列教材之一。所有编写人员均来自教学一线，具有丰富的物流工作经验及教学经验。在教材编写过程中，编写人员参阅了大量的国内外有关著述及经典教材，在此对文献资料的作者表示衷心感谢。由于时间紧、任务重，且作者的理论水平及实践经验有限，书中疏漏之处在所难免，竭诚希望读者批评指正。

编者

2023 年 1 月

目录

项目一 企业采购与供应物流业务操作 ·· （1）

    任务 1 企业采购与供应物流认知 ·· （2）

    任务 2 采购需求分析与计划制订 ·· （14）

    任务 3 供应商开发、选择与管理 ·· （25）

    任务 4 采购谈判与合同管理 ·· （37）

    任务 5 采购实施与供应管理 ·· （49）

    项目小结 ·· （60）

项目二 企业生产物流业务操作 ·· （61）

    任务 1 生产物流与生产计划认知 ·· （62）

    任务 2 物料需求计划的制订 ·· （79）

    任务 3 物料仓库选址与规划 ·· （88）

    任务 4 物料存储作业管理 ·· （99）

    任务 5 物料库存的控制 ·· （111）

    任务 6 物料质量控制与现场管理 ·· （123）

    项目小结 ·· （133）

项目三　企业销售物流业务操作 ································ （134）

　　任务1　销售物流认知 ···································· （135）

　　任务2　销售物流方案设计 ································ （141）

　　任务3　配送需求计划编制 ································ （147）

　　项目小结 ·· （159）

项目四　企业逆向物流业务操作 ································ （160）

　　任务1　产品回收物流业务操作 ···························· （161）

　　任务2　退货物流业务操作 ································ （168）

　　任务3　逆向物流业务操作 ································ （178）

　　项目小结 ·· （185）

参考文献 ·· （186）

项目一　企业采购与供应物流业务操作

工作情境描述

新科公司是一家针对中国消费者的电脑产品设计生产制造公司。该公司在广东东莞拥有电脑生产基地，基地拥有10条最为先进的生产线，年产能最高可达50万台电脑。你作为采购供应部门的工作人员，应能够结合生产需要进行采购需求计划制订、进行原材料及零部件的采购、进行供应商的选择与管理、完成采购谈判及合同签订工作，最终实施采购计划、及时完成生产和供应任务。

工作流程与活动

任务1　企业采购与供应物流认知（4学时）
任务2　采购需求分析与计划制订（4学时）
任务3　供应商开发、选择与管理（4学时）
任务4　采购谈判与合同管理（4学时）
任务5　采购实施与供应管理（4学时）

建议学时

20课时

任务 1　企业采购与供应物流认知

学习目标

1. 知识目标

■ 了解采购及供应物流的基本概念。

■ 熟悉采购的 5R 原则。

■ 熟悉采购及供应物流业务流程。

2. 能力目标

■ 能够完成企业采购及供应物流业务流程图设计。

3. 素养目标

■ 能够提升信息的检索、搜集、整理能力。

■ 具备良好的表达能力和展示能力。

4. 思政目标

■ 建立采购人员的原则意识，达成采购管理人员的道德品质要求。

建议学时

4 课时

学习课件

任务描述

　　新科公司是一家针对中国消费者的电脑产品设计生产制造公司。该公司在广东东莞拥有电脑生产基地，基地拥有 10 条最为先进的生产线，年产能最高可达 50 万台电脑。该公司的部分零部件（显示屏、键盘、状态指示灯、触摸板、电池、硬盘、内存等）由合作供应商提供。你作为采购供应部门的工作人员，请选择合适的采购方式，为新科公司设计采购及供应物流业务流程。

任务分析

一、采购

（一）采购的基本概念与特点

采购是指单位或个人以生产、销售、消费为目的，购买商品或劳务的交易行为。根据人们取得商品的方式不同，采购可以从狭义和广义两种角度来理解。狭义的采购通常是指企业根据自身需求提出采购计划、审核计划，选好供应商，经过谈判确定交易条件，最终签订合同并按要求收货付款的全过程。这种以货币换取物品的方式，是最普通的采购模式。广义的采购是指除了以购买的方式占有物品之外，还通过其他途径（如租赁、借用和交换等）来获取物品的使用权，以达到满足需求的目的。采购应遵守合作性原则、互惠原则和目标一致性原则。

采购具有以下特点：

（1）采购是从（资源供应商构成的）资源市场获取资源（包括物质资源和非物质资源）的过程，以满足各种生产或生活需要。

（2）采购既是一个商流过程，也是一个物流过程。采购是商流与物流的统一，每一次采购活动都会发生商流（物品在流通中发生形态变化的过程），也会发生物流（货物实体发生转移的过程）。其中，商流是无形的，但物流是有形且可预见的。

（3）采购是一种经济管理活动。采购既是一项经济活动（需进行收益与成本分析），也是一项管理活动（在采购过程中需进行计划、组织、协调、指挥、控制等工作）。

（二）采购的分类

按不同的分类依据，采购有不同的分类方式。采购通常按采购商品用途、采购主体和采购的科学化程度分类。

按采购商品用途分类，采购可分为工业采购和消费采购。其中，工业采购是指为了保证企业、组织、单位正常生产或经营活动而进行的采购行为。工业采购采购量较大，价格相对稳定。消费采购是指为了满足个人消费的需要而以一定的代价获得物品的所有权或使用权的采购行为。消费采购的随意性较大且采购量相对较小。

按采购主体分类，采购可分为个人采购和集团采购。其中，个人采购是指消费者为满足自身需要而发生的购买消费品的行为。其一般是单一品种、单次、单一决策、随机发生的，且带有很大的主观性和随意性。集团采购通常是指两人或两人以上公用物品的采购行为。其一般是多品种、大批量、大金额、多批次甚至持续进行的，直接关系到多人的集团利益，故往往由集体决策。

按采购的科学化程度分类，采购可分为传统采购和科学采购。传统采购是指议价采购，是采购者根据采购品种、数量、质量等方面的要求，货比三家，通过谈判达成一致并得以成交的采购行为。科学采购是指在科学理论的指导下，采用科学的方法和现代科技手段实施的采购行为。科学采购根据指导理论和采取的方式方法不同，可划分为订货点采购、JIT采购、MRP采购、供应链采购、招标采购和电子商务采购等。

（三）现代采购方式

1.战略采购

战略采购又称双赢采购，是一种在新兴的合作关系和竞争关系之间寻求平衡的采购模式，是计划、评估、实施、控制战略性和操作性采购决策的过程，目的是指导采购部门的所有活动都围绕提高公司竞争力展开，以实现公司的长期目标。战略采购管理的核心包括管理、发展和整合供应商，并以此来取得企业竞争优势。

战略采购可以通过集中采购，扩大供应商基础，统一产品、服务，建立采购管理信息系统，供应商提前参与设计，全球采购等方式实现。

战略采购的实施步骤为建立采购类别、设计采购战略、建立供应商名单、选择实施方式、选择供应商、对供应商进行运营整合、与市场基准进行比较。

2.绿色采购

绿色采购是指企业内部各个部门协商决策，在采购行动中考虑环境因素，通过降低材料使用成本、末端处理成本、保护资源和提高企业声誉等方式降低企业后期治理成本、减少责任风险、保护自然环境，提高企业绩效。

绿色采购实施为绿色信息的搜集和管理、供应商的选择（供应商提供的产品是否具备环保认证）、绿色运输、绿色包装、绿色仓储、货物接收及生产环节的绿色化。

试一试

请总结归纳不同采购方式的内容、特点，完成表1-1。

表1-1 采购方式分析

采购方式	内容	特点
集中采购		
传统采购		
科学采购		
单位采购		
个人采购		
绿色采购		

二、采购物流

（一）采购物流的基本概念与内容

采购物流也称为原材料采购物流，是指包括原材料等一切生产物资的采购、进货运输、仓储、库存管理、用料管理和供应管理。它是生产物流系统中独立性相对较强的子系统，并且和生产系统、财务系统等生产企业各部门以及企业外部的资源市场、运输部门有密切的联系。采购物流是企业为保证生产节奏，不断组织原材料、零部件、燃料、辅助材料供应的物流活动，这种活动对企业正常、高效率的生产发挥着保障作用。

采购物流过程因不同企业、不同供应环节和不同的供应链而有所区别，这个区别使企业的采购物流出现了许多不同种类的模式。尽管不同的模式在某些环节具有非常复杂的特点，但是采购物流的基本流程是相同的，其过程有以下三个环节：

（1）取得资源。取得资源是完成以后所有供应活动的前提条件。取得什么样的资源，这是核心生产过程提出来的，同时也要按照采购物流可以承受的技术条件和成本条件辅助这一决策。

（2）组织到厂物流。所取得的资源必须经过物流才能到达企业。这个物流过程是企业外部的物流过程，在物流过程中，往往要反复运用装卸、搬运、储存、运输等物流活动才能使取得的资源到达企业的门口。

（3）组织厂内物流。如果企业外物流到达企业的"门"，便以"门"作为企业内外的划分界限，如以企业的仓库为外部物流终点，便以仓库作为划分企业内、外物流的界限。这种从"门"和仓库开始继续到达车间或生产线的物流过程，称作采购物流的企业内物流。

传统的企业采购物流，都是以企业仓库为调节企业内外物流的一个结点。因此，企业的供应仓库在工业化时代是一个非常重要的设施。

（二）采购物流的三种组织方式

企业的采购物流有三种组织方式：第一种是委托社会销售企业代理采购物流方式；第二种是委托第三方物流代理采购物流方式；第三种是企业自供物流方式。

1. 委托社会销售企业代理采购物流方式

主要内容：企业作为用户，在买方市场条件下，利用买方的主导权力，向销售方提出对本企业进行供应服务的要求，作为向销售方进行采购订货的前提条件。实际上，销售方在实现了自己生产的和经营的产品销售的同时，也实现了对用户的供应服务，以此占领市场。这种供应服务是销售方企业发展的一个战略手段。

主要优点：采购企业可以充分利用市场经济造就的买方市场优势，对销售方即物流的执行方进行选择和提出要求，有利于实现企业理想的采购物流设计。

主要问题：销售方毕竟不是专业的物流企业，物流水平有所欠缺，很难完全满足企业采购物流高水平、现代化的要求。例如，企业打算建立自己的广域供应链，这就超出了销售方的能力而难以实现。

2. 委托第三方物流代理采购物流方式

主要内容：在企业完成了采购程序之后，由销售方和本企业之外的第三方去从事物流活动。当然，第三方从事的物流活动应当是专业性的，而且有非常好的服务水平。第三方所从事的采购物流主要向买方提供了服务，同时也向销售方提供服务，在客观上协助销售方扩大了市场。

主要优点：由第三方去从事企业采购物流的最大好处是，能够承接这一项业务的物流企业，必定是专业物流企业，有高水平、低成本、高服务从事专业物流的条件、组织和传统。不同的专业物流公司，瞄准的物流对象不同，有自己特有的形成核心竞争力的机器装备、设施和人才，这就使企业有广泛选择的余地，进行采购物流的优化。

在网络经济时代，很多企业要构筑广域的或者全球的供应链，这就要求物流企业有更强的能力和更高的水平，这是一般生产企业不可能做到的。从这个意义上来讲，必须要依靠从事物流活动的第三方来做这一项工作。

3. 企业自供物流方式

主要内容：由企业自己组织所采购的物品的本身供应的物流活动，这在卖方市场的市场环境状况下，是经常采用的采购物流方式。

评价：本企业在组织供应的某些种类物品方面，可能有一些如设备、装备、设施和人才方面的优势，这样看来，由本企业组织自己的采购物流也未尝不可。在新经济时代，这种方式也不能完全否定，关键还在于技术经济效果的综合评价。

主要缺点：在网络经济时代，如果不考虑本企业核心竞争能力，不致力于发展这个竞争能力，仍然抱着"肥水不流外人田"的旧观念，虽然可能取得一些眼前利益，但是这必将以损失战略的发展为代价，是不可取的。

试一试

请总结归纳不同采购物流的内容、特点，完成表1-2。

表1-2　采购物流方式分析

采购物流方式	内容	特点
委托社会销售企业代理采购物流方式		
委托第三方物流代理采购物流方式		
企业自供物流方式		

（三）采购的5R原则

5R原则是指采购过程中的五个原则：正确（或合适）的时间、正确（或合适）的地点、正确（或合适）的价格、正确（或合适）的质量、正确（或合适）的数量。采购必须围绕"价""质""量""地""时"等基本要素来展开工作。

1. 合适的价格（right price）

价格永远是采购活动中的关注焦点。现在的企业管理者对采购最关心的一点就是采购部能节省多少采购资金，所以采购经理应把相当多的时间和精力放在跟供应商的"砍价"上。价格当然不是越低越好。作为采购方，千万不能只看订单上的价格，因为价格只是交易的显性部分，还有许多隐性的成本必须注意，如品质、服务、维修、保质期、交货期以及供货的长期性等。特别是质量的优劣和交货的准时性，是影响采购价格最大的因素。

2. 合适的质量（right quality）

采购物品与服务是否应要求品质越高越好？答案是否定的，因为适合自己使用的物品和服务的品质才是最好的。当然，谁都喜欢品质好的东西，但一分价钱一分货，品质高的物品的价格必定会高于普通物品的价格，但是过分要求品质只会增加成本。采购方需要考虑的是，企业真的需要那么好的品质吗？一味地追求高品质，产品不见得能增加其实质上的价值。因此，采购方应该找准符合企业所需的品质水准，减少不必要的品质要求，以取得品质与价格间的平衡。另外，品质除了符合要求外，还必须维持品质的一致性，也就是说，供应商每一次的交货品质不能有明显的差异，在排除外在因素后，才能确保内部生产线上的品质易于控制。

3. 合适的数量（right quantity）

从降低库存量的角度来看，是否每一次的交货数量都是越少越好？答案是否定的。如果每一次交货数量都很少，为了满足需求，采购方必须多下几次订单，这样一来，反而增加行政作业的成本、检验的成本等。批量采购虽有可能获得数量上的折扣，但也会积压采购资金。因此，采购方对内应顾及有效的库存管理，达到较高的存货周转率，减少不必要的储存成本；对外则需协调供应商的经济生产批量，改进采购作业，以达到订购或制造产品数量的"损益平衡点"，让供应商有合理的利润空间。如果能够完全控制供应商的到货时间，库存的存货周转率也能得到有效的控制。

此时，也只有"正确"的数量才能够使大家在双赢的基础上愉快地合作。现在出现了很多管理库存的方式，如供应商补货（VMR）、供应商管理库存（VMI）等方式能帮助采购经理解决关于库存的问题，更好地让资金流动起来。

4. 合适的时间（right time）

采购部最重要的使命是不让生产"停工待料"，而要保持持续供货，使生产不停顿是采购经理的职责。如果不能维持工厂的正常运作，采购部再怎么努力也将是白费。因此，采购部应重视采购前置期对采购成本和满足生产的重要性。

采购前置期（lead time）是指从采购者下订单到所购的物品进公司验收、品检、入库完毕所需要的时间。是不是所购货物可以随时提供为最好呢，或者是供应商的交货期越短越好？其实也未必。因为供应商如果要配合短交期，那么采购的价格会相对地提高。对于采购方来说，计算出最佳的订购点就显得非常重要了。

5. 合适的地点（right place）

合适的地点就是怎样选择一个合适的供应商的问题。对于供应商的选择，除了技术的实力以外，采购方还必须思考两方面的问题：一是地域。天时不如地利，在距离上跟自己企业较近的供应商往往是许多采购者的首选。因为距离近不光沟通方便，处理事务快捷，而且还可能降低运输成本和减少库存。二是规模。从规模上来说，选择跟企业"门当户对"的供应商是明智之举。选择规模较小的供应商，采购方会担心交货品质与供货的稳定性，一旦发生质量问题，势必增加采购成本。规模大的供应商比较令人放心，但是如果自己的采购量不能达到供应商重视的程度，采购者不见得能在价格与配合上得到好处。

三、供应物流认知

（一）采购与供应

采购是购买，即输入的过程，而供应是输出的过程。采购物流是企业在生产经营过程中，为了满足生产、基础建设对原材料、制材设备、备件的需求，将定期或不定期地发生的采购行为，即商品从卖方转移到买方场所而进行的所有活动。

（二）供应物流

供应物流是指企业提供原材料、零部件或其他物品时，物品在提供者与需求者之间的实体流动。它是生产物流系统中独立性相对较强的子系统，和生产系统、财务系统等生产企业各部门以及企业外部的资源市场、运输部门有密切的联系，对企业生产的正常、高效率进行发挥着保障作用。企业供应物流不仅要实现保障供应的目标，而且要在低成本、低消耗、高可靠性的限制条件下来组织供应物流活动，因此难度很大。

尽管不同的模式在某些环节具有非常复杂的特点，供应物流基本流程是相同的，其过程有三个环节：取得资源，这是完成以后所有供应活动的前提条件；组织到厂物流，这是企业外部的物流过程；组织厂内物流，这是从厂外继续到达车间或生产线的物流过程。

（1）取得资源。取得资源是完成以后所有供应活动的前提条件。取得什么样的资源，这是核心生产过程提出来的，同时也要按照供应物流可以承受的技术条件和成本条件辅助这一决策。

（2）到厂物流。所取得的资源必须经过物流才能达到企业。这个物流过程是企业外部的物流过程，在物流过程中，往往要反复运用装卸、搬运、储存、运输等物流活动才能使取得的资源到达企业的门口。

（3）厂内物流。如果企业外物流到达企业的"门"，便以"门"作为企业内外的划分界限，如以企业的仓库为外部物流终点，便以仓库作为划分企业内、外物流的界限。这种从"门"和仓库开始继续到达车间或生产线的物流过程，称作供应物流的企业内物流。传统的企业供应物流，都是以企业仓库为调节企业内外物流的一个结点。因此，企业的供应仓库在工业化时代是一个非常重要的设施。

（三）供应物流领域新的服务方式

1. 准时供应方式

采用准时供应方式，可以派生出零库存方式、即时供应方式、到线供应方式等多种新的服务方式。

在买方市场环境下，供应物流活动的主导者是买方。购买者（用户）有极强的主动性，用户企业可以按照最理想方式选择供应物流；而供应物流的承担者，作为提供服务的一方，必须以最优的服务才能够被用户所接受。从用户企业一方来看，准时供应方式是一种比较理想的方式。准时供应方式是按照用户的要求，在计划的时间内或者在用户随时提出的时间内，实现用户所要求的供应。准时供应方式大多是双方事先约定供应的时间，互相确认时间计划，因而有利于双方做供应物流和接货的组织准备工作。

2. 即时供应方式

即时供应方式是准时供应方式的一个特例，是完全不依靠计划时间而按照用户偶尔提出的时间要求，进行准时供应的方式。这种方式一般作为应急的方式采用。

在网络经济时代，由于电子商务的广泛开展，在电子商务运行中，最基本消费者所提出的服务要求，大多缺乏计划性，而又有严格的时间要求，因此，在新经济环境下，这种供应方式有被广泛采用的趋势。需要说明的是，这种供应方式由于很难实现计划和共同配送，所以一般成本较高。

3. 看板方式

看板方式是准时方式中的一种简单有效的方式，也称为"传票卡制度"或"卡片制度"，是日本丰田公司首先采用的。在企业的各工序之间，或在企业之间，或在生产企业与供应者之间，采用固定格式的卡片为凭证，由下一环节根据自己的节奏，逆生产流程方向向上一环节指定供应，从而协调关系，做到准时同步。采用看板方式，有可能使供应库存实现零库存。

试一试

请总结归纳不同供应物流领域服务方式的特点，完成表1-3。

表1-3 供应物流服务方式分析

供应物流服务方式	特点
准时供应方式	
即时供应方式	
看板方式	

四、采购及供应物流业务流程

采购及供应物流业务流程见图1-1。

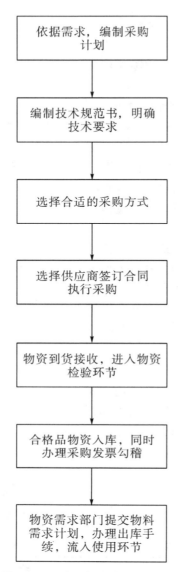

图 1-1 采购及供应物流业务流程

试一试

请对以下步骤进行排序，整合总结采购业务操作流程。

A. 供应商开发与选择   B. 识别需求与确定规格

C. 确定价格   D. 询价与比价

E. 签订合同   F. 订单跟踪与催货

G. 货物接收与检验   H. 支付货款

I. 维护记录   J. 采购谈判

任务实施

1. 学生以小组为单位，查看案例资料，选择合适的采购方式，为新科公司设计采购及供应物流业务流程，以完成案例分析任务。

2. 任务成果以流程图形式提交。

任务评价

完成任务评价表，见表1-4。

表1-4　任务评价

项目	评价标准	分值	自我评分	小组评分	教师评分
专业能力 50分	采购的基本概念、特点、类型	15分			
	采购物流、供应物流的概念与服务方式	15分			
	采购及供应物流业务流程	15分			
	5R原则	5分			
方法能力 20分	获取信息能力	5分			
	解决问题能力	5分			
	独立工作能力	10分			
社会能力 20分	团结协作能力、人际交往能力、职业适应能力、语言表达能力、规范行为能力等社会能力	20分			
思政感悟 10分	建立采购人员的原则意识，达成采购管理人员的道德品质要求	10分			
综合得分		100分			
评语 （请完成评价后进行评语撰写，可以就课堂表现中的优缺点、掌握的知识与技能、方法能力与社会能力等情况进行评价）					

知识检测

一、判断题

1. 采购价格越低越好。 （ ）
2. 第三方企业完成采购物流有利于完成高水平、低成本、高服务的物流任务。

　　　　　　　　　　　　　　　　　　　　　　　　　　　　　　　（ ）

3. "传票卡制度"最早由本田公司提出。 （ ）
4. 战略采购管理的核心包括管理、发展和整合供应商。 （ ）
5. 绿色采购在选择供应商时要关注供应商提供的产品是否具备环保认证。 （ ）
6. 物流是无形的，但商流是有形的。 （ ）
7. 准时供应实现"零库存"。 （ ）
8. 委托第三方代理物流是由企业自己组织所采购的物品的本身供应的物流活动。

　　　　　　　　　　　　　　　　　　　　　　　　　　　　　　　（ ）

9. 采购管理是计划下达、采购单生成、采购单执行、到货接收、检验入库、采购发票的收集到采购结算的全过程。 （ ）
10. 采购物流包括采购活动与运输活动。 （ ）

二、案例分析

请根据不同产业的采购流程实例资料，总结不同产业的采购流程及采购业务操作特点。

案例一：汽车产业的采购流程

由生产管理系统生产采购品种及其需求量，继而进行购买申请→订货，这与标准采购流程相同。汽车产业中采购流程的特点，包括采用布告牌方式、系列交易、供应商阶层多层次。

1. 布告牌方式

汽车产业中采购的特点之一，是布告牌方式。所谓布告牌方式，可以说是支持准时生产的生产方式，而准时生产是指仅按需要的数量生产需要的零件。

2. 系列交易

汽车产业中采购的特点之二，是系列交易。所谓系列交易，是指采购方企业与供应商企业的中长期交易关系。它主要靠人和资本的关系来维系。通过采购方企业稳定地向供应商企业订货、对供应商企业进行技术指导，供应商可以面向未来投资搞研发、培养人才、积累技巧。这就是采购方企业竞争力的源泉，可以构建双方互惠互利的关系。但是，据称系列交易会形成对供应商"溺爱"，导致成本居高不下。

事实上，在汽车产业中，有产生双赢关系的良性系列交易，也有产生高成本的恶性系列交易。

3. 供应商阶层多层次

汽车产业中采购的特点之三，是供应商阶层多层次。汽车生产商的供应商接受订货后，订单上的零件并不是全都由自己公司制造，而是分包出去一部分。订货方企业的一项重要工作，就是检查二次分包供应商的管理体系，是否充分地纳入到了一次分包的管理体系中（质量、交货期等）。

案例二：原材料产业的采购流程范例

这里所说的原材料产业，是指原材料经加工或者精制之后，作为材料供货的生产商。因此，买进铁矿石加工成钢板的生产商，买进原油在成套设备内精炼作为化工原料供货的化工产品生产商皆属此类。

原材料的采购流程是根据生产计划算出原材料需求量，然后比较工厂库存，最后提出购买申请，在这一点上与其他标准流程相同。

原材料采购有两个特点：特点之一，原材料采购受行情（或者市价）的影响较大，因此，作为规避成本上涨风险的措施，一部分企业采用了期货预约交易。此外，作为稳定供货的措施，采用了长期合同等；特点之二，因为很多供应商的规模与订货方企业相同，所以很多采购企业都将供应商作为合作伙伴对等看待。

可能是因为反映了这样的特色，所以原材料产业的采购员中，相比采购专家，贸易公司的业务员类型更常见。

在采购原材料的时候，有的企业采用期货交易中的"套头"来规避风险，有的企业把采购员派往国外原材料供货网点附近，以及时收集供货动向和价格动向，这些都是原材料产业中采购业务的特点。

案例三：电子产业的采购流程范例

本案例介绍半导体产业的采购流程。在电子产业中，半导体产业是具有代表性的高科技产业。

制造半导体所需的主要采购类别，包括半导体制造用材料和半导体制造用设备。下面分别介绍：

（1）半导体制造用材料。生产管理人员根据生产计划算出需求量后，将扣除了订货剩余数量及库存数量的差值，作为采购申请发送给采购员。其后，采购员根据采购申请向供应商订货（这种从生产计划到订货的流程，所有已经系统化的企业几乎都一样）。采购员根据质量和价格等指标，在质量管理部门等的协助下，评估现有供应商或者新供应商开发的尖端产品，所以采购员需要了解有关尖端材料的技术性知识。而且，有的采购员还与材料生产商共同开发尖端材料，所以也需要具备具体开发合同的谈判能力和专利权等知识产权相关知识。

（2）半导体制造用设备。半导体制造设备的采购流程为制订设备投资计划→获得报价单→书面申请→批准书面申请→订货。半导体制造设备，根据基于长期生产计划编制的投资计划购买。这项投资，由管理人员作出判断（金额、时间等）。采购员的任务是与生产技术部门和开发部门协商决定设备生产商，同供应商谈判决定价格。与材料相同，半导体制造设备也开发了很多尖端产品，所以采购员需要掌握与此相关的技术性知识。

案例四：制药业的采购流程范例

制药业中的主要采购类别与半导体产业相同，包括制药所需的原材料和设备。

（1）原材料。根据生产计划申请采购。采购部门向原材料生产商订货，这与其他产业的流程相同，但制药产业的特点是选择原材料生产商有药剂法方面的制约。众所周知，药品受有关药剂法方面的许可和销售的限制。同样，制药所用的原材料也受同一法律的管制。不仅价格和质量是采购时的条件，原材料需要经过批准也是采购时的条件。

（2）制药设备。制药产业中，制药设备的采购流程，与上述半导体产业的范例相同，即：设备投资计划→获得报价单→书面申请→订货。

制药业特有的采购业务，除上述医药品原材料和设备采购之外，还包括业务委托采购和促销物品采购，前者针对称为临床采购的合同研究组织，后者主要是面向医生的印刷品，由制药公司的业务员负责散发。可以说，上述任何一类品种采购，都是运用相关知识才能够做出成绩的业务。那些知识包括有关药学和医学的高深专业知识，以及采购员必备的采购数据分析、供应商评估、合同等知识。

任务 2　采购需求分析与计划制订

学习目标

1. **知识目标**
   - ■ 熟悉采购需求调查的步骤。
   - ■ 掌握采购需求分析的方法。
   - ■ 熟悉采购计划的内容与计划制订方法。

2. **能力目标**
   - ■ 能够制作采购需求分析报告。
   - ■ 能够制作采购计划书。

3. **素养目标**
   - ■ 具备调研分析能力。
   - ■ 能够团队合作，共同通过调研分析。
   - ■ 能够在规定的时间内完成工作计划，具有时间管理意识和能力。

4. **思政目标**
   - ■ 形成严谨、务实的工作作风，树立主人翁意识和责任感。

建议学时

4 课时

学习课件

任务描述

　　新科公司是一家针对中国消费者的电脑产品设计生产制造公司。该公司在广东东莞拥有电脑生产基地，基地拥有 10 条最为先进的生产线，年产能最高可达 50 万台电脑。该公司的部分零部件（显示屏、键盘、状态指示灯、触摸板、电池、硬盘、内存条等）的认证信息如表 1-5 所示、合作供应商 2022 年 2 月份供货信息如表 1-6 所示。该公司计划 2022 年 9 月 1 日将零件上线组装，生产型号为 c101 的电脑 10 000 台，每台 c101 电脑需要显示屏 1 个、键盘 1 个、状态指示灯 1 个、触摸板 1 个、电池 1 个、硬盘 2 个、内存条 2 个。你作为采购供应部门的工作人员，请根据表 1-5、表 1-6 的数据信息对采购环境进行考察，建立采购环境，并制作采购需求分析报告及采购计划书。

表 1-5　零部件认证信息

构件	检验测试需求数量占此批样件数量的比例/%	样品数量占此批样件数量的比例/%	机动数量占此批样件数量的比例/%	认证周期/天	缓冲时间/天
显示屏	0.1	0.05	0.05	10	5
键盘	0.1	0.05	0.05	9	5
状态指示灯	0.2	0.1	0.1	11	12
触摸板	0.2	0.1	0.1	10	4
电池	0.1	0.05	0.05	10	5
硬盘	0.1	0.05	0.05	10	5
内存条	0.1	0.05	0.05	10	8

表 1-6　合作供应商 2022 年 2 月份供货信息

	供应商 1		供应商 2		供应商 3		供应商 4	
	到货时间	可供数量/个	到货时间	可供数量/个	到货时间	可供数量/个	到货时间	可供数量/个
显示屏	8 月 15 日	8 000	–	–	–	–	–	–
键盘	–	–	–	–	8 月 16 日	6 000	–	–
状态指示灯	–	–	8 月 15 日	3 000	8 月 14 日	2 150	–	–
触摸板	–	–	8 月 7 日	1 000	–	–	8 月 16 日	1 200
电池	8 月 16 日	1 125	8 月 15 日	5 000	–	–	–	–
硬盘	–	–	–	–	–	–	8 月 14 日	12 000
内存条	8 月 13 日	2 000	–	–	8 月 7 日	1 500	–	–

任务分析

一、采购环境与供应市场分析

（一）采购环境分析与采购市场调查及方法

1. 采购环境分析

经济活动的开展，离不开科学地制订计划方案。而计划的制订，必须事先了解环境。采购任务开展也是如此，必须事先了解采购环境才能准确制订计划，有效完成任务。采购环境分析涉及两方面：一方面是对采购需求市场状况进行分析，另一方面则是对采购供应市场环境进行分析。

采购环境分析应从宏观、中观、微观三个角度对经济大环境进行整体分析及市场调查。宏观环境分析是分析宏观经济形势（包括总供给变化、总需求变化、物价与通货膨胀率、金融市场情况等经济变量）和政策（包括财政政策和货币政策）；中观环境分析是从行业角度（包括市场经济的发展进程及对外开放程度、行业的发展状况及增长态势等）来分析采购环境；微观环境分析是对某一特定商品的采购环境（包括预测特定商品价格走势、预测特定商品的价格、了解国内外采购市场行情及采购市场调查）进行分析。

2. 采购市场调查

采购部门需要按照有效经营产生的需求确定采购商品后及时进行市场调查，通过货比多家实现最少的采购成本获得最大的收益。采购市场调查的目的主要是为编制和修订采购计划、确定采购需求、确定供应商的情况（供货能力、价格变化、市场垄断地位等）及明确市场竞争情况，以规划企业采购与供应战略。

采购市场调查的程序与一般的市场调查步骤类似，主要包括前期准备工作（初步分析，明确调查目标和范围，制订调查方案，包括市场调查的内容、方法和步骤，调查计划的可行性、经费预算，调查时间及调查进度等）、正式调查（根据前期的准备阶段确定的市场调查方案进行调查，包括采购需求调查、注意潜在的供应商政策法规情况调查、政府政策等）、综合分析整理资料（对前期搜集的资料进行编辑、剔除、编组或分类）和提出调查报告四个阶段（通过对调查材料的综合分析整理，根据调查目标制订调查报告，得出调查结论）。

3. 市场调查方法

市场调查方法可以分为统计分析研究和现场直接调查。一般来说，与采购有关的生产资料市场研究较多地采用统计分析研究，消费资料市场则以现场直接调查为主。现场直接调查又可分为四种：询问法（调查者用被调查者愿意接受的方式向其提出问题，得到回答，获得所需要的资料）、观察法（由调查人员根据调查研究的对象，利用眼睛、耳朵等感官以直接视听等方式对其进行考察并搜集资料）、实验法（由调查人员根据调查的要求，用实验的方式，将调查的对象控制在特定的环境条件下，对其进行观察以获得相应的信息）和问卷法（通过设计调查问卷，让调查对象将自己的意见或答案填入问卷中的方式获得所调查对象的信息，获取足够的信息资料）。

（二）供应市场分析

供应市场分析是指为满足企业发展的需要，针对所采购的物品或服务进行供应商、供应价格、供应量等相关数据的调研、搜集、整理和归纳，从中分析出所有相关要素以获取最大回报的过程。它包括供应商所在国家或地区的宏观经济分析，供应行业及其市场的中观经济分析，以及供应商的微观经济分析。

供应市场分析包括初步了解供应商基本情况调查、了解供应市场（资源市场）基本状况、了解供应市场层次情况（宏观经济分析包括产业范围、经济增长率、产业政策及发展方向、行业设施利用率、货币汇率及利率、税收政策和税率、政府体制结构与政治环境、关税政策与进出口限制、人工成本、通货膨胀、消费价格指数、订购状况等；中观经济分析包括行业供求状况、行业效率、行业增长状态、行业生产与库存量、市场供应结构、供应商的数量与分布等；微观经济分析如供应商财务审计、组织架构、质量体系与水平、产品开发能力、工艺水平、生产能力与产量、交货周期及准时率、服务质量、成本结构与价格水平、作为供应商认证程序一部分的质量审计等）。

试一试

请总结归纳采购市场调查的方法，分析每一步骤的具体工作内容，完成表1-7。

表1-7 采购市场调查分析

步骤名称		工作内容
步骤1		

表1-7(续)

步骤名称		工作内容
步骤2		
步骤3		
步骤4		

二、采购需求分析与计划编制

(一) 采购计划

采购计划是指企业管理人员在了解市场供求情况下，为保证物料的正常供应，并降低库存和成本对计划期内物料采购管理活动所做的预见性安排和部署。

采购计划有广义和狭义之分，广义的采购计划是指为保证供应各项生产经营活动的物料需要量而编制的各种采购计划的总称。狭义的采购计划是指年度采购计划，即对企业计划年度内生产经营活动所需采购的各种物料的数量和时间等所做的安排和部署。采购计划是企业生产计划的一部分，也是企业年度计划与目标的组成部分。

采购计划可按物品自然属性分类，分为金属材料采购计划、机电产品采购计划、非金属材料采购计划等；按计划期长短分类，分为年度物品采购计划、季度物品采购计划、月份物品采购计划等；按物品使用方向分类，分为生产用物品采购计划、维修用物品采购计划、基本建设用物品采购计划、技术改造措施用物品采购计划、科研用物品采购计划、企业管理用物品采购计划等；按采购计划程序分类，分为采购认证计划及采购订单计划等。

(二) 影响采购计划的主要因素

影响采购计划制订（准确性）的因素，主要包括采购环境（国内外经济发展状况、人力增长、政治体制、财务状况、技术水准、厂房设备、人力资源以及企业声誉等），年度销售计划和年度生产计划。

(三) 采购计划编制

采购计划是企业管理人员在了解市场供求情况，认识企业生产经营活动过程和掌握物品消耗规律的基础上，对计划期内物品供应管理活动所做的预见性安排和部署，具体内容见表1-8。

表 1-8　采购计划

计划内容	目的
计划概要	对拟议的采购计划给予扼要的综述，便于管理机构快速浏览
目前采购状况	提供有关物料、市场、竞争以及宏观环境的相关背景资料
机会与问题分析	确定主要的机会、威胁、优势、劣势和采购面临的问题
计划目标	确定计划在采购成本、市场份额和利润等领域所完成的目标
采购战略	提供将用于实现计划目标的主要手段
行动方案	指明谁去做、什么时候做、怎样做等一系列问题
控制	指明如何监测计划

采购计划的编制包括两部分内容：采购认证计划的制订和采购订单计划的制订。采购认证计划包括准备认证计划、评估认证需求、计算认证容量、制订认证计划四个环节；采购订单计划包括准备订单计划、评估订单需求、计算订单容量、制订订单计划。

1. 采购认证计划

采购认证是企业采购人员对采购环境进行考察并建立采购环境的过程。

（1）准备认证计划。

首先是接收开发批量需求，采购计划人员要熟知开发需求计划才能制订比较准确的认证计划。开发批量物料需求通常包括目前的采购环境中能够找到的物料供应和在现有的采购环境中寻找新物料的供应商。其次是接收余量需求，在企业现有的采购环境容量不足以支持企业的物料需求或由于采购环境容量逐渐缩小无法满足采购的需求等情况下，会产生余量需求。最后是准备认证环境资料和制订认证计划说明，包括认证计划说明书（物料项目名称、需求数量、认证周期等），同时附有开发需求计划、余量需求计划、认证环境资料等。

（2）评估认证需求。

评估认证需求包括分析开发批量需求（分析物料数量需求和技术特征等信息，并按已有的采购环境及认证计划经验进行分类）和分析余量需求（对余量需求进行分类并计算总需求容量）、确定认证需求（根据开发批量需求及余量需求的分析结果以确定认证需求）。

（3）计算认证容量。

计算认证容量包括分析项目认证资料、计算总体认证容量、计算承接认证量并确定剩余认证容量。

某一物料所有供应商群体的剩余认证容量的总和，称为该物料的认证容量，其确定方法为

$$物料认证容量＝物料供应商群体总体认证容量－承接认证量$$

试一试

某电视机厂去年生产的某型号电视机销量达到10万台，根据市场反应状况，预计今年的销量会比去年增长30%（为生产10万台电视，公司需采购某零件40万件），公司供应此种零件的供应商主要有两家，A的年产能力是50万件，已有25万件的订单，B的年产能力是40万件，已有20万件的订单，求出认证过程。

（4）制订认证计划。

制订认证计划是认证计划的主要目标，是衔接认证计划和订单计划的桥梁。只有制订好认证计划，才能做好订单计划。

认证物料数量及开发认证时间的计算方法如下：

认证物料数量=开发样件需求数量+检验测试需求数量+样品数量+机动数量

开发认证时间=要求认证结束时间-认证周期-缓冲时间

试一试

在上题中，假设根据经验，检验测试需求数量为此批样件数量的0.1%，样品数量和机动数量分别为0.05%，要求在10月1日前完成认证，认证周期为10天，缓冲时间为10天，请计算认证零件数量及开发认证时间。

2. 采购订单计划

（1）准备订单计划。

准备订单计划是指根据市场需求及生产需求制订企业采购订单。准备订单计划有四个方面的内容：接收市场需求（熟悉市场需求计划或者市场销售计划）、接收生产需求（根据市场需求计划或者市场销售计划分析制订生产需求计划）、准备订单环境资料（包括订单物料的供应商消息、订单比例信息、最小包装信息、订单周期）、制订订单计划说明书（物料名称、需求数量、到货日期等、市场需求计划、生产需求计划、订单环境资料等）。

（2）评估订单需求。

评估订单需求是采购计划中非常重要的一个环节，只有准确地评估订单需求，才能为计算订单容量提供依据，以便制订最好的订单计划。它主要包括三个方面的工作：分析市场需求、分析生产需求（研究生产需求的产生过程，分析生产需求量和供货时间）、确定订单需求（通过订单操作手段，在未来指定的时间内，将指定数量的合格物料采购入库）。

（3）计算订单容量。

计算订单容量主要包括以下四个方面的工作：分析供应资料、计算总体订单容量（考虑可供给的物料数量及可供给物料的交货时间）、计算承接订单容量（某供应商在指定的时间内已经签下的订单量）、确定剩余订单容量（确定某物料所有供应商群体的剩余订单容量的总和）。计算订单容量能有效对比需求和容量，综合平衡并制订科学合理的订单计划。

（4）制订订单计划。

通过比较需求和容量的关系，制订科学的订单计划，包括对比需求与容量、综合平衡

（综合考虑市场、生产、订单容量等要素，分析物料订单需求的可行性，必要时调整订单计划，计算容量不能满足的剩余订单需求）、确定余量认证计划、制订订单计划四个方面。

任务实施

1. 学生以小组为单位，分析案例所提供的数据信息，为新科公司本次采购活动进行采购环境考察并建立采购环境，制作采购需求分析报告及采购计划书。

2. 任务成果以报告书形式提交。

任务评价

完成任务评价表，见表1-9。

表1-9 任务评价

项目	评价标准	分值	自我评分	小组评分	教师评分
专业能力 50分	采购需求调查的步骤	10分			
	采购需求分析的方法	10分			
	采购计划的内容与计划制订方法	10分			
	制作采购需求分析报告	10分			
	制作采购计划书	10分			
方法能力 20分	获取信息能力	5分			
	解决问题能力	5分			
	独立工作能力	10分			
社会能力 20分	团结协作能力、人际交往能力、职业适应能力、语言表达能力、规范行为能力等社会能力	20分			
思政感悟 10分	形成严谨、务实的工作作风，树立主人翁意识和责任感	10分			
综合得分		100分			
评语 （请完成评价后进行评语撰写，可以就课堂表现中的优缺点、掌握的知识与技能、方法能力与社会能力等情况进行评价）					

知识检测

一、判断题

1. 国内经济发展状况会影响采购计划执行，但国外经济发展状况不会影响采购计划执行。 （ ）

2. 分析余量需求需要对物料数量需求和技术特征进行分析。 （ ）

3. 采购市场调查需要注意潜在的供应商政策法规情况。 （ ）

4. 制订订单计划说明书的内容包括物料名称、需求数量、到货日期、市场需求计划、生产需求计划、订单环境资料等。 （ ）

5. 采购计划按计划期长短分类，分为金属材料采购计划、机电产品采购计划、非金属材料采购计划。 （ ）

二、计算题

某手机厂去年生产的某型号手机销量达到 15 万台，根据市场反应状况，预计今年的销量会比去年增长 10%（为生产 1 万台手机，公司需采购某零件 3 万件），公司供应此种零件的供应商主要有两家，A 的年产能力是 20 万件，已有 15 万件的订单，B 的年产能力是 40 万件，已有 20 万件的订单，假设根据经验，检验测试需求数量为此批样件数量的 0.1%，样品数量和机动数量分别为 0.05%，要求在 10 月 1 日前完成认证，认证周期为 10 天，缓冲时间为 10 天，请计算求出认证过程（认证零件数量及开发认证时间）。

三、案例分析

采购计划控制程序

1 目的

为编制采购计划，配合公司采购计划管理制度的推行，特制订本程序。

2 适用范围

本公司采购计划的制订，除另有规定外，悉依本程序处理。

3 采购计划的编制

3.1 编制采购计划的作用。

（1）预估用料数量、交期，以防止断料。

（2）避免库存过多、资金积压、空间浪费。

（3）配合生产、销售计划的顺利达成。

（4）配合公司资金运用、周转。

（5）指导采购工作。

3.2 编制采购计划的依据。制订采购计划时，应考虑经营计划、物品需求部门的采购申请、年度采购预算、库存情况、公司资金供应情况等相关因素。对经营活动的急需物品，应优先考虑。

3.3 采购计划的种类。

（1）年度采购计划。根据公司年度经营计划，在对市场信息和需求信息进行充分分析和搜集的基础上，依据往年历史数据的对比情况，权衡所制订的计划。

（2）月度采购计划。在对年度采购计划进行分解的基础上，依据上月实际采购情况、库存情况、下月度需求预测、市场行情等所制订的当月采购计划。

（3）日采购计划。在对月度采购计划进行分解的基础上，依据各部门每日经营所需物品的汇总，经审核后制订的采购计划。

（4）日常经营需求计划。根据每天的经营情况、物品日常消耗情况、库存情况，各部门向采购部报送的日采购需求计划。

3.4　采购申请的提出及审批权限。

（1）采购申请应注明物品的名称、数量、需求日期、参考价格、用途、技术要求、供应商（参考）、交货期、送货方式等。

（2）各种物品采购申请的提出及审批权限的相关规定见表1-10。

表1-10　采购申请的提出及审批权限的规定

物品类别	采购申请提出人	申购依据	审核人	审批人
工程项目所需采购的材料、设备等	项目负责人	依据合同及设计任务书所做的预算表、工程进度表、材料及设备采购清单	部门负责人或授权人	工程副总经理
日常经营所需的材料、设备等	各部门	经营需求、加工要求	部门负责人或授权人	经营副总经理
工具及配件、器皿、劳保用品、量检具等	使用部门	月初提出采购申请	部门负责人或授权人	相关主管领导
经营、办公等需要的大件设备和工具（属于固定资产投资类）	使用部门	在年初编制固定资产采购申请		总经理
普通办公用品、劳保用品等	综合办公室	根据使用部门需求统一提出年度或月度采购申请	部门负责人或授权人	总经理
常备用料	采购计划专员（由库房管理员配合）	日常领料情况、库存情况		各部门经理
研究开发所需要的原料、辅助材料、工具、设备等	技术中心	根据需求时间提出月度或日采购申请	部门负责人或授权人	技术副总经理

（3）表1-10所列各类物品如在年度预算外或超过年度预算，按超预算的审批程序办理，最终审批人为总经理。

（4）采购申请表应注明材料的名称、规格与型号、数量、需求日期、参考价格、用途、技术要求、安装尺寸、生产厂家（参考）、交货期、是否直发现场（若直发现场，应注明地址）。

（5）部门负责人或授权人审核本部门的采购申请表时，应检查采购申请表的内容是否准确、完整，若不完整或有错误，应予以纠正。

（6）经审批后的采购申请表由采购部审核汇总。审核内容包括采购申请表的各栏填写是否清楚、是否符合合同内容、是否在预算范围内、是否有相关负责人的审批签字，以及是否在审批范围内等。

3.5　编制采购计划的步骤。

3.5.1　明确销售计划。

（1）企业于每年年底制订下一年度的营业目标。

（2）市场营销部根据年度目标、客户订单意向、市场预测等资料，进行销售预测，并制订下一年度的销售计划。

3.5.2　明确生产计划。

（1）生产部根据销售预测计划，以及本年度年底预计库存与下一年度年底预计库存，制订下一年度的生产预测计划。

（2）物控人员根据生产预测计划、物料清单、库存状况，制订下一年度的物料需求计划。

（3）各单位根据年度目标、生产计划，预估下一年度各种消耗物品的需求量，编制预估计划。

3.5.3　编制采购计划。

（1）采购部汇总各种物料、物品的需求计划。

（2）采购部编制下一年度采购计划。

3.5.4　编制采购计划时，应注意以下所列事项。

（1）采购计划要避免过于乐观或保守。

（2）企业年度目标达成的可能性。

（3）销售计划、生产计划的可行性和预见性。

（4）物料需求信息与物料清单、库存状况的确定性。

（5）物料标准成本的影响。

（6）保障生产与降低库存的平衡。

（7）物料采购价格和市场供需可能出现的变化。

4　采购计划的管理

4.1　采购计划由采购部根据审批后的采购申请表制订，日采购计划由采购部经理批准执行，月度采购计划报请运营副总经理批准执行，年度采购计划须报请公司总经理审批。

4.2　采购计划应同时报送财务部审核，以利于公司资金的安排。

4.3　采购计划专员应审查各部门申请采购的物品是否能由现有库存满足或有无可替

代的物品，只有现有库存不能满足的申请采购物品才能列入采购计划。

4.4　如果采购申请表所列的物品为公司内其他部门所生产的产品，在质量、性能、交货期、价格相同的情况下，必须采用本公司的产品，不得列入采购计划。

4.5　请购部门下达给采购部的采购申请表，应分类列表，且必须是经过汇总、计划后的材料清单。

4.6　对于无法于指定日期内办妥的采购申请单，必须及时通知请购部门。

4.7　对于已申请的采购物品，请购部门若需要变更规格、数量或撤销请购申请时，必须立即通知采购部，以便及时根据实际情况更改采购计划。

4.8　未列入采购计划的物品不能进行采购。如确属急需物品，应填写紧急采购申请表，由部门负责人审核后，报公司运营副总经理核准后才能列入采购范围。

要求：请结合案例资料，回答以下问题：

1. 编制采购计划的作用有哪些？
2. 案例中"采购计划的种类"是以什么依据进行分类？
3. 编制采购计划，应注意哪些事项？

任务3　供应商开发、选择与管理

学习目标

1. **知识目标**
   - ■ 熟悉供应商的开发选择策略。
   - ■ 熟悉供应商评价标准。
   - ■ 熟悉供应商管理的办法。
2. **能力目标**
   - ■ 能够根据采购商品特点开发与选择合适的供应商。
   - ■ 能够对供应商进行日常的有效管理。
3. **素养目标**
   - ■ 能够通过网络等多个渠道提高对供应商的信息检索能力。
   - ■ 能够提升分析能力、解决问题的能力。
   - ■ 具备良好的沟通协调能力和表达能力，与供应商进行高效沟通。
4. **思政目标**
   - ■ 具备公平公正、客观实际的原则意识。
   - ■ 具备廉洁自律能力和底线意识。

建议学时

4 课时

学习课件

任务描述

新科电脑公司需要采购一批电脑芯片，因原来的供应商停止了合作，现公司要求采购部去寻找新的供应商，于是采购部决定开发新的供应商，但在供应商的选择标准方面产生了不一致的意见，请你根据学习到的相关知识，帮助新科电脑公司制订选择芯片供应商的标准。

任务分析

一、供应商开发的概念与基本准则

1. 供应商开发的概念

供应商开发是指从无到有地寻找新的供应商，建立起满足企业发展需要的供应商队伍。

2. 供应商开发的基本准则

供应商开发的基本准则是"QCDS"原则，也就是质量、成本、交付与服务并重的原则。在这四者中，质量因素是最重要的，首先要确认供应商是否建立有一套稳定有效的质量保证体系，以及确认供应商是否具有生产所需特定产品的设备和工艺能力。其次是成本与价格，要运用价值工程的方法对所涉及的产品进行成本分析，并通过双赢的价格谈判实现成本节约。再次是在交付方面，要确定供应商是否拥有足够的生产能力，人力资源是否充足，有没有扩大产能的潜力。最后是供应商的售前、售后服务的记录。

二、供应商选择的十个原则

（1）对供应商做出全面、具体、客观的评价。

综合考虑供应商的业绩、设备管理、人力资源开发、质量控制、成本控制、技术开发、用户满意度、交货协议等可能影响供应链合作关系的方面。

（2）系统全面性原则：全面系统的评价体系的建立和使用。

（3）简明科学性原则：供应商评价和选择步骤、选择过程透明化、制度化和科学化。

（4）稳定可比性原则：评估体系应该稳定运作，标准统一，减少主观因素。

（5）灵活可操作性原则：不同行业、企业、产品需求、不同环境下的供应商评价应是不一样的，保持一定的灵活操作性。

（6）门当户对原则：供应商的规模、层次和采购商相当。

（7）半数比例原则：购买数量不超过供应商产能的50%，反对全额供货的供应商。如果仅由一家供应商负责100%的供货和100%成本分摊，则采购商风险较大，因为一旦该供应商出现问题，按照"蝴蝶效应"的发展，势必影响整个供应链的正常运行。不仅如此，采购商在对某些供应材料或产品有依赖性时，还要考虑地域风险。

（8）供应源数量控制原则：同类物料的供应商数量应控制在2~3家，并有主次供应商之分。这样可以降低管理成本和提高管理效率，保证供应的稳定性。

（9）供应链战略原则：与重要供应商发展供应链战略合作关系。

（10）学习更新原则：评估的指针、标杆对比的对象以及评估的工具与技术都需要不断地更新。

三、供应商评估的方法

1. 直观判断法

直观判断法是指通过简单的调查、征询意见、比较分析和判断来选择供应商的一种方法。

2. 加权综合评分法

加权综合评分法是指按照供应商评价各项指标评分标准分别进行评分，并根据各项指标的权重，采用加权平均法求得各供应商的最终得分，选择得分最高者作为最佳供应商。

3. 招标选择法

招标选择法是指当采购物资数量较大、涉及金额较多、供应市场竞争激烈或者按要求必须进行招标采购时所采用的一种方法。

4. 协商选择法

协商选择法是指由采购企业选出供应条件比较好的若干家供应商，分别进行协商，再确定合适的供应商。

试一试

对直观判断法、招标选择法、协商选择法三种供应商评价方法进行比较，并完成表1-11。

表1-11　供应商评价方法

方法类型	优点	缺点	适用范围
直观判断法			

表1-11（续）

方法类型	优点	缺点	适用范围
招标选择法			
协商选择法			

四、供应商管理的涵义

供应商管理是对供应商的了解、选择、开发、使用和控制等综合性的管理工作的总称。其中，了解是基础，选择、开发、控制是手段，使用是目的。采购管理和供应商管理的关系：企业要维持正常生产，就必须要有一批可靠的供应商为其提供各种各样的物资。供应商对企业的物资供应起着非常重要的作用，采购管理就是直接和供应商打交道而从供应商采购获得各种物资的。因此，采购管理的一个重要工作，就是要搞好供应商管理。

五、供应商管理的目的

供应商管理的目的，就是要建立起一支稳定可靠的供应商队伍，为企业生产提供可靠的物资供应。

供应商是一个与购买者相独立的利益主体，而且是一个以追求利益最大化为目的的利益主体。按照传统的观念，供应商和购买者是利益互相对立的矛盾对立体，供应商希望从购买者手中多得一点，购买者希望向供应商少付一点，为此常常斤斤计较。某些供应商往往在物资商品的质量、数量上做文章，以劣充优、降低质量标准、减少数量，甚至制造假冒伪劣产品坑害购买者。购买者为了防止伪劣质产品入库，需要花费很多人力物力加强物资检验，大大增加了物资采购检验的成本。因此供应商和购买者之间，既互相依赖，又互相对立，彼此之间总是一种精密设防的紧张关系。这种紧张关系对双方都不利。对购买者来说，物资供应没有可靠的保障、产品质量没有保证、采购成本太高，这些都直接影响企业生产和成本效益。

相反，如果找到一个好的供应商，它的产品质量好、价格低，而且服务态度好、保证供应、按时交货，采购时就可以非常放心，不仅物资供应稳定可靠、质优价廉、准时供货，而且双方关系融洽、互相支持、共同协调。这样对企业采购管理、对企业的生产和成本效益都会有很多好处。最重要的是，好的供应商可以提升企业的竞争力。

为了创造出这样一种供应商关系局面，克服传统的供应商关系观念，有必要注重供应商的管理工作，通过多个方面持续努力，去了解、选择、开发供应商，合理使用和控制供应商，建立起一支可靠的供应商队伍，为企业生产提供稳定可靠的物资供应保障。

六、供应商管理的 QCDS 原则与工具

1. 供应商管理的 QCDS 原则

供应商评估要遵循 QCDS 原则，即质量、成本、交付与服务并重的原则。

quality——质量

质量是四种因素中最重要的因素，首先要确认供应商是否建立起一套稳定有效的质量保证体系，其次确认供应商是否具有生产所需的特定产品的设备和工艺能力。

cost——成本

成本与价格是其次重要的，要运用价值工程的方法对所涉及的产品进行成本分析，并通过双赢的价格谈判实现成本节约。

delivery——交付

在交付方面，需要确定供应商是否拥有足够的生产能力，人力资源是否充足，是否有扩大生产的潜力。

service——服务

供应商售前、售后服务的记录，非常容易被忽视，但这是非常重要的内容。

在供应商开发流程中，首先要对特定的分类市场进行竞争分析，了解谁是市场的领导者、目前市场的发展趋势如何、各大供应商在市场中的定位，从而对潜在供应商有大概的了解。实际上，每个供应商都是其所在领域的专家，企业多听取供应商的建议往往会有意外的收获。通过策略联盟和参与设计，供应商可以有效地帮助企业降低成本。

2. 供应商的三大管理工具

在供应商管理中，主要包括甘特图、WBS 结构分解图和线性责任图三大管理工具。

七、供应商绩效考核的程序

1. 供应商绩效考核的准备。

2. 供应商绩效考核人员的确定：采购部主管，工程、质量或生产部相关人员，外界的专家或管理顾问。

3. 供应商的问题与奖惩办法。

想一想

1. 供应商考核结果应如何处理？完成表 1-12。

表 1-12　供应商考核结果处理办法

结果	处理办法
优秀及合格供应商	

表1-12(续)

结果	处理办法
不合格供应商	
整改后仍不合格的供应商	

2. 如何防止单源供应商控货？

八、供应商考核四大标准

1. 质量指标

质量是用来衡量供应商的最基本的指标。每个采购方在这方面都有自己的标准，要求供应商遵从。供应商质量指标主要包括来料批次合格率、来料抽检缺陷率、来料在线报废率、供应商来料免检率等。

$$来料批次合格率 = （合格来料批次/来料总批次）×100\%$$

$$来料抽检缺陷率 = （抽检缺陷总数/抽检样品总数）×100\%$$

$$来料在线报废率 = ［来料总报废数（含在线生产时发现的）/来料总数］×100\%$$

$$来料免检率 = （来料免检的种类数/该供应商供应的产品总种类数）×100\%$$

其中尤以来料批次合格率最为常用。此外，也有一些公司将供应商质量体系、供应商是否使用以及如何将 SPC 运用于质量控制等也纳入考核。例如，如果供应商通过了 ISO9000 质量体系认证或供应商的质量体系审核达到某一水平则为其加分，否则不加分。还有一些公司要求供应商在提供产品的同时，也要提供相应的质量文件，如过程质量检验报告、出货质量检验报告、产品成分性能测试报告等，并按照供应商提出信息完整、及时与否给予考评。

2. 供应指标

供应商的供应指标又称企业指标，是同供应商的交货表现以及供应商企划管理水平相关的考核因素，其中最主要的是准时交货率、交货周期、订单变化接受率等。

（1）准时交货率。

准时交货率＝（按时按量交货的实际批次/订单确认的交货总批次）×100%

（2）交货周期。

交货周期是指自订单开出之日到收货之时的时间长度，一般以天为单位来计算。

（3）订单变化接受率。

订单变化接受率是衡量供应商对订单变化反应灵敏度的一个指标，是指在双方确认的交货周期中供应商可接受的订单增加或减少的比率。

订单变化接受率＝（订单增加或减少的交货数量/订单原定的交货数量）×100%

值得注意的是，供应商能够接受的订单增加接受率与订单减少接受率往往并不相同。其原因在于前者取决于供应商生产能力的弹性、生产计划安排与反应快慢、库存大小与状态（原材料、半成品或成品）等，而后者则主要取决于供应商的反应、库存（包括原材料与在制品）大小以及因减少订单带来可能损失的承受力。

3. 经济指标

供应商考核的经济指标主要是考虑采购价格与成本。同质量与供应商指标不同的是，质量与供应考核按月进行，而经济指标则常常按季度考核。另一个与质量和供应指标不同的是经济指标往往都是定性的，难以量化，而前者则是量化的指标。

（1）价格水平。

企业可以将自己的采购价格同本公司所掌握的市场行情作比较，也可以根据供应商的实际成本结构及利润率等进行主观判断。

（2）报价行为。

报价行为主要包括报价是否及时，报价单是否客观、具体、透明（分解成原材料费用、加工费用、包装费用、运输费用、税金、利润以及相对应的交货与付款条件）。

（3）降低成本的态度与行动

降低成本的态度与行动是指供应商是否自觉自愿地配合本公司或主动地开展降低成本活动、制订成本改进计划、实施改进行动，是否定期与本公司审查价格等。

（4）分享降价成果

供应商是否把降低成本的利益与众分享（如本企业）。

（5）付款。

供应商是否积极配合响应本公司提出的付款条件、付款要求以及付款方法，供应商开出付款发票是否准确、及时，是否符合有关财税要求。

有些单位还将供应商的财务管理水平与手段、财务状况以及对整体成本的认识纳入考核范围。

4. 支持、合作与服务指标

同经济指标一样，考核供应商在支持、合作与服务方面的表现通常也都是定性的考核，一般来说可以每个季度一次。考核内容包括：

（1）投诉灵敏度。

供应商对订单、交货、质量投诉等反应是否及时、迅速，答复是否完整，对退货、挑选等要求是否及时处理。

（2）沟通。

供应商是否派出合适的人员与本公司定期进行沟通，沟通手段是否符合本公司的要求（电话、传真、电子邮件以及文件书写所用软件与本公司的匹配程度等）。

（3）合作态度。

供应商是否将本公司看成是其重要客户，供应商高层领导或关键人物是否重视本公司的要求，是否经常走访本公司，供应商内部沟通协作（如市场、生产、计划、工程、质量等部门）是否能整体理解并满足本公司的要求。

（4）共同改进。

供应商是否积极参与或主动提出与本公司相关的质量、供应、成本等改进项目或活动，是否经常采用新的管理做法，是否积极组织参与本公司共同召开的供应商改进会议、配合本公司开展的质量体系审核等。

（5）售后服务。

供应商是否主动征询顾客意见，是否主动走访本公司，是否主动解决或预防问题发生，是否及时安排技术人员对发生的问题进行处理。

（6）参与开发。

供应商是否主动参与本公司的各种相关开发项目，如何参与本公司的产品或业务开发过程，表现如何？

（7）其他支持。

供应商是否积极配合本公司提出的有关参观、访问、实地调查等事宜，是否积极提供本公司要求的新产品报价与送样，是否妥善保存与本公司相关的机密文件等不予泄露，是否保证不与影响本公司切身利益的相关公司或单位进行合作等。

我们应该把对供应商的考核当作一个大事来抓，因为采购员打交道最多的是供应商，供应商的好坏直接影响到我们的采购质量，因此，对供应商的考核应有标准。

试一试

案例一 三星：高标与专业

三星公司供应链管理的突出优势在于高标准的供应商准入门槛、专业化的供应商管理输出和严谨的技术确认。具体表现如下：

（一）供应商系统稳定

据对比调查，苏州三星供应商数量稳定在 220 家左右。供应商引入的门槛非常高，想取得三星的供应资质非常困难，通常情况下，只能等待现有合格供应商"犯错误"，通过对供应商"牌照"发放控制（引入一家，同时必须淘汰另外一家），实现供应商系统的稳定。这样，既能保证现有合作供应商的核心利益，又能保持对现有合格供应商的压力传递（被淘汰后再次引入的成本相当高）。

（二）共同改善

抽调研发、工艺和品质等技术骨干，在公司层面成立单独的供应商改善团队，专门对供应商进行管理输出，亲临供应商现场，共同对供应商存在的问题进行联合改善，并探讨过程控制和流程优化的可行性，改善成果由双方协议分享。

（三）流程严谨

供应商相关管理流程严谨，对供应商生产环境、设备、原材料按物料生产要求的标准先进行预确认；样品严格按图纸确认，样品确认单与受控图纸同步发放，从供应商样品确认阶段即严加控制。供应商严格按图纸制作品质管控要素、现场作业指导书等文件，随图纸变更及时更新现场技术文件。待供应商的技术资料已同步更新、变更前物料已封存处理后，才可发布变更后的样品确认单。

案例二　西门子：固化与成熟

西门子是一家世界级的百年老店，其在供应链管理方面的突出特点是固化、成熟的合作价值观及运作方法。西门子确定供应商关系的 15 条基本原则如下：

（1）寻求业内最佳的供应商，要求在技术和规模上遥遥领先于同行。

（2）所选定的供应商必须把西门子列为最重要的顾客之一，这样才能保证服务水平和原料的可得性。

（3）供应商必须有足够的资金能力保持快速增长。

（4）每个产品至少由 2~3 个供应商供货，避免供货风险，保持良性竞争。

（5）每个原材料的供应商数目，不宜超过 3 个，避免过度竞争、关系恶化。

（6）供应商的经营成本每年必须有一定幅度的降低并为此制度化。

（7）供应商的订货份额取决于总成本分析，即价格+质量+物流等服务，成本越高，订单份额就越少。

（8）新供应商可以在平等条件下加入西门子的 E-Biding 系统，以得到成为合格供应商的机会。

（9）当需要寻找新的供应商时，西门子会进行市场研究以找到合适的备选供应商。

（10）对潜在供应商要考察的是其财务能力、技术背景、质量体系、生产流程和生产能力等综合因素。

（11）合格的供应商将参与研发或加入高级采购工程部门的设计。

（12）通过试生产流程的审核，来证明供应商能否按西门子的流程要求，来生产符合西门子质量要求的产品。

（13）通过较大规模的试生产，确保供应商达到 6 个西格玛质量标准以及质量和生产流程的稳定性。

（14）如果大规模生产非常顺利，就进一步设立衡量系统（包括质量水平和服务表现）；如果不能达到关键服务指标，西门子就会对供应商进行"再教育"。

（15）当西门子的采购策略有变化时，供应商的总成本或服务水平低于西门子要求的时候，供应商的供应资格就可能被取消。

案例三 LG：重视品质的控制

LG 公司供应链管理的突出特点是高度重视品质的控制并向供应商高层直接传递压力。具体表现如下：

（1）每月组织品质问题前十名的供方总经理来 LG 汇报质量整改工作。

（2）例会时间为早上 6:30；供方总经理汇报形式：有明确的整改方案及整改计划、站立汇报。

（3）LG 品质高层领导参加例会，对供方整改方案的有效性进行现场评价。

（4）对供应商的金钱处罚转变为对供应商精神和面子的处罚，让供应商印象深刻。这种做法有些极端和苛刻，但是作为改善品质行之有效的一种手段，是可以借鉴的，只有高层重视和参与，品质改善才会有效果。

以上三个案例来源：佚名. 知名品牌企业供应链管理方式［EB/OL］.（2020-11-01）［2023-01-04］.
http://yjbys.com/edu/googyinglian/207177html.

阅读三星、西门子、LG 的供应商管理案例，思考并回答问题：

1. 你觉得哪些做法能够有效提高供应商管理的工作效率及采购的工作效率？为什么？

2. 总结企业进行供应商管理的工作内容及作用意义。

任务实施

根据所学，请各小组对当前芯片市场的情况进行调研，给出关于新科电脑公司重新开发、选择供应商的标准，并由各小组派代表进行展示讲解。

任务评价

完成任务评价表，见表1-13。

表1-13　任务评价

项目	评价标准	分值	自我评分	小组评分	教师评分
专业能力 50分	供应商的开发选择策略	5分			
	供应商评价标准	5分			
	供应商管理的办法	5分			
	根据采购商品特点开发与选择合适的供应商	20分			
	对供应商进行日常的有效管理	15分			
方法能力 20分	获取信息能力	5分			
	解决问题能力	5分			
	独立工作能力	10分			
社会能力 20分	团结协作能力、人际交往能力、职业适应能力、语言表达能力、规范行为能力等社会能力	20分			
思政感悟 10分	具备公平公正、客观实际的原则意识，具备廉洁自律能力和底线意识	10分			
综合得分		100分			
评语 （请完成评价后进行评语撰写，可以就课堂表现中的优缺点、掌握的知识与技能、方法能力与社会能力等情况进行评价）					

知识检测

一、不定项选择题

1. 合理的评价供应商绩效需要（　　　）。

　　A. 选择合理的评价指标

　　B. 构建供应商绩效评价指标体系

　　C. 采用合理的供应商绩效评价方法

　　D. 选择价格最低的供应商

2. 企业与供应商的关系是竞争关系模式时，有利于（　　　）。

    A. 较多的信息交流和信息共享

    B. 通过供应商之间的竞争获得价格好处

    C. 帮助供应商降低成本，改进质量

    D. 降低双方的交易成本

3. 在选择供应商时，直观判断法常用于（　　　）原材料或零部件的供应商。

    A. 一般

    B. 采购数量大

    C. 非主要

    D. 老用户的

4. 互利共赢关系模式所具有的特征是（　　　）。

    A. 制造商通过供应商之间的竞争可获得价格好处

    B. 制造商可帮助供应商降低成本，改进质量

    C. 有利于保证供应的连续性

    D. 较多的信息交流和信息共享

    E. 降低双方的交易成本

二、判断题

1. 对企业的老供应商，要扩展新供货品种，企业对其评定内容应包括该供应商的产品供应能力、供货及时性、财务状况、相对于竞争对手的优势、对质量问题处理的及时性以及其他质量管理体系的相关信息。　　　　　　　　　　　　　　　　（　　　）

2. 企业按照与供应商的合作关系，将供应商划分为三类。　　　　　（　　　）

3. 企业与供应商的关系是竞争关系模式时，有利于较多的信息交流和信息共享。

    　　　　　　　　　　　　　　　　　　　　　　　　　　　　（　　　）

4. 合作伙伴关系模式，强调的是供应商和制造商之间共同分享信息，通过合作和协商协调相互的行为，达到互利共赢的目的。　　　　　　　　　　　　（　　　）

5. 供应商管理就是对供应商的了解、选择、开发、使用和控制等综合性的管理工作的总称。　　　　　　　　　　　　　　　　　　　　　　　　　　　（　　　）

任务 4　采购谈判与合同管理

学习目标

1. 知识目标

- 了解采购谈判及谈判的流程。
- 熟悉谈判准备的三个环节和实施谈判的五个技巧。
- 熟悉采购合同内容。

2. 能力目标

- 能够根据谈判策略完成采购谈判业务。
- 能够起草采购合同并按照谈判情况进行合同修订与签订工作。

3. 素养目标

- 能够通过模拟谈判，提升采购谈判能力。
- 能够提升团队合作能力。
- 能够提升文字处理能力。

4. 思政目标

- 遵纪守法、廉洁自律、虚心谨慎；底线意识和法律意识。

建议学时

4 课时

学习课件

任务描述

新科公司是一家针对中国消费者的电脑产品设计生产制造公司，该公司需要采购一批电脑芯片，经过比对，目前暂时选定了三家芯片公司作为备选供应商，采购部门的小李决定与供应商进行谈判，并打算在选定供应商之后进行采购合同的签订，此时对于谈判和合同的签订，你有哪些建议？

任务分析

一、采购谈判的概念

采购谈判是指企业作为买方，为采购商品与卖方厂商对购销业务有关事项，如商品的品种、规格、技术标准、质量保证、订购数量、包装要求、售后服务、价格、交货日期与地点、运输方式、付款条件等进行反复磋商，谋求达成协议，建立双方都满意的购销关系。采购谈判的程序可分为计划和准备阶段、开局阶段、正式洽谈阶段和成交阶段。

二、采购谈判的内容

1. 产品条件谈判

产品条件谈判的内容包括产品品种、型号、规格、数量、商标、外形、款式、色彩、技术标准、质量标准和包装等。

2. 价格条件谈判

价格条件谈判的内容包括数量折扣、退货损失、市场价格波动风险、商品保险费用、售后服务费用、技术培训费用和安装费用等。

3. 其他条件谈判

其他条件谈判的内容包括交货时间与地点、付款方式、运输方式、售后服务、违约责任和仲裁等。

三、影响谈判的相关因素

（1）交易内容对双方的重要性；

（2）各方对交易内容和交易条件的满足程度；

（3）竞争状态；

（4）对于商业行情的了解程度；

（5）企业的信誉和实力；

（6）对谈判时间因素的反应；

（7）谈判的艺术和技巧。

四、采购谈判的三个步骤

采购谈判的过程可以分为三个显著的阶段：谈判前、谈判中和谈判后。

1. 采购谈判前计划的制订

（1）确立谈判的具体目标；

（2）分析各方的优势和劣势；

（3）收集相关信息；

（4）认识对方的需要；

（5）识别实际问题和情况；

（6）为每一个问题设定一个成交位置；

（7）开发谈判战备与策略；

（8）向其他人员简要介绍谈判内容；

（9）谈判预演。

2. 采购谈判过程中的步骤

（1）双方互做介绍，商议谈判议程和程序规则；

（2）探讨谈判所涉及的范围，即双方希望在谈判中解决的事宜；

（3）要谈判成功，双方需要达成一致意见的共同目标；

（4）在可能的情况下，双方需要确定并解决阻碍谈判达成共同目标的分歧；

（5）达成协议，谈判结束。

3. 采购谈判后的工作

（1）起草一份声明，尽可能清楚地详述双方已经达成一致的内容，并将其呈送到谈判各方以便提出自己的意见并签名。

（2）将达成的协议提交给双方各自的委托人，即双方就哪些事项达成协议，从该协议中可以获得什么收益。

（3）执行协议。

（4）设定专门程序监察协议履行情况，并处理可能会出现的任何问题。

（5）在谈判结束后和对方举行一场宴会是必不可少的，在激烈交锋后，这种方式可以消除谈判过程中的紧张气氛，有利于维持双方的关系。

五、采购谈判技巧

（一）入题技巧

谈判双方刚进入谈判场所时难免会感到拘谨，尤其是谈判新手，在重要的谈判中，往往会产生忐忑不安的心理。为此，必须讲求入题技巧，采用恰当的入题方法。

1. 迂回入题

为避免谈判时单刀直入、过于暴露，影响谈判的融洽气氛，谈判时可以采用迂回入题的方法，如先从题外话入题，从介绍己方谈判人员入题，从"自谦"入题，或者从介绍本企业的生产、经营、财务状况入题等。

2. 先谈细节，后谈原则性问题

围绕谈判的主题，先从洽谈细节问题入题，条分缕析，丝丝入扣，待各项细节问题谈妥之后，自然而然地达成了原则性的协议。

3. 先谈一般原则，再谈细节

一些大型的经贸谈判，由于需要洽谈的问题千头万绪，双方高级谈判人员不应该也不可能介入全部谈判，往往要分成若干等级进行多次谈判。这就需要采取先谈原则问题，再谈细节问题的方法入题。一旦双方就原则问题达成了一致，那么，洽谈细节问题也就有了依据。

4. 从具体议题入手

大型谈判总是由具体的一次次谈判组成的，在具体的每一次谈判中，双方可以首先确定本次会议的谈判议题，其次从这一议题入手进行洽谈。

（二）阐述技巧

谈判入题后，接下来就是双方进行开场阐述，这是谈判的一个重要环节。

1. 开场阐述的要点

（1）开宗明义，明确本次会谈所要解决的主题，以集中双方的注意力，统一双方的认识。

（2）表明我方通过洽谈应当得到的利益，尤其是对我方至关重要的利益。

（3）表明我方的基本立场，可以回顾双方以前合作的成果，说明我方在对方所享有的信誉；也可以展望或预测今后双方合作中可能出现的机遇或障碍；还可以表示我方可采取何种方式为共同获得利益做出贡献等。

（4）开场阐述应是原则的，而不是具体的，应尽可能简明扼要。

（5）开场阐述的目的是让对方明白我方的意图，创造协调的洽谈气氛，因此，阐述应以诚挚和轻松的方式来表达。

2. 对对方开场阐述的反应

（1）认真耐心地倾听对方的开场阐述，明白对方开场阐述的内容，思考和理解对方的关键问题，以免产生误会。

（2）如果对方开场阐述的内容与我方意见差距较大，不要打断对方的阐述，更不要立即与对方争执，而应当先让对方说完，认同对方之后再巧妙地转开话题，从侧面进行谈判。

（三）提问技巧

要用提问摸清对方的真实需要、掌握对方心理状态、表达自己的意见观点。

1. 提问的方式

（1）封闭式提问；

（2）开放式提问；

（3）婉转式提问；

（4）澄清式提问；

（5）探索式提问；

（6）借助式提问；

（7）强迫选择式提问；

（8）引导式提问；

（9）协商式提问。

2. 提问的时机

（1）在对方发言完毕时提问；

（2）在对方发言停顿、间歇时提问；

（3）在自己发言前后提问；

（4）在议程规定的辩论时间提问。

3. 提问的其他注意事项

（1）注意提问速度；

（2）注意对方心境；

（3）提问后给对方足够的答复时间；

（4）提问时应尽量保持问题的连续性。

（四）答复技巧

答复不是容易的事，回答的每一句话，都会被对方理解为是一种承诺，都负有责任。答复时应注意：

（1）不要彻底答复对方的提问；

（2）针对提问者的真实心理答复；

（3）不要确切答复对方的提问；

（4）降低提问者追问的兴趣；

（5）让自己获得充分的思考时间；

（6）礼貌地拒绝不值得回答的问题；

（7）找借口拖延答复。

（五）说服技巧

1. 说服原则

（1）不要只说自己的理由；

（2）研究分析对方的心理、需求及特点；

（3）消除对方戒心、成见；

（4）不要操之过急、急于奏效；

（5）不要一开始就批评对方、把自己的意见观点强加给对方；

（6）说话用语要朴实亲切、不要过多讲大道理；态度诚恳、平等待人、积极寻求双方的共同点；

（7）承认对方"情有可原"，善于激发对方的自尊心；

（8）坦率承认如果对方接受你的意见，你也将获得一定利益。

2. 说服具体技巧

（1）讨论先易后难。

（2）多向对方提出要求、传递信息、影响对方意见。

（3）强调一致、淡化差异。

（4）先谈好后谈坏。

（5）强调合同有利于对方的条件。

（6）待讨论赞成和反对意见后，再提出你的意见。

（7）说服对方时，要精心设计开头和结尾，要给对方留下深刻印象。

（8）结论要由你明确提出，不要让对方揣摩或自行下结论。

（9）多次重复某些信息和观点。

（10）多了解对方，以对方习惯的能够接受的方式去说服对方；先做铺垫，不要奢望对方一下子接受你突如其来的要求；强调互惠互利、互相合作的可能性、现实性；激发对方在自身利益认同的基础上来接纳你的意见。

试一试

案例 铝电解电容器用铝箔生产线采购的谈判

江西某市 G 工厂与 C 进口公司联合组团赴法国巴黎与 P 公司谈判铝电解电容器用铝箔生产线的技术与商务条件，由于工程进度要求，此行希望能够在过去双方技术交流的基础上完成最终签署合同的谈判。该谈判组共有各类专家 9 人，时间定为两周。带队的是工厂的 F 厂长与 C 公司主管业务部门的 B 经理，阵容虽说不上庞大，可力量不容小视，有一副决战的架势。

谈判过程：由顺利陷入困境

到了巴黎后，法方 P 公司总经理、生产经理、设备经理、律师迎战中方谈判组。技术谈判仅用了两天，双方即交换了意见，进入了草拟技术文件的阶段。

当进入价格谈判时，法方态度开始强硬，480 万美元的报价，不论中方怎么说，在调整 5% 的价格后，就不动了。

为了充分节约时间，中方建议价格谈判与合同文本谈判同时进行，法方表示同意。双方将人员分成两组，继续谈判。在法方律师与中方 B 经理的努力下，合同文本的大部分条款在两天之中也谈得差不多了，但价格小组的谈判几近停顿。

更严重的是，P 公司的总经理不露面了，当问及对方律师时，答案是"他到国外开会去了，什么时候回来不知道"。中方谈判组陷于困境。

谈判陷入僵局，怎么办？

法方在想什么？中方应如何应对？一周不到，谈判就中断了，是回国还是继续留下？虽然对价格的谈判手上还有余地，但能否让出？让出后是否就能成交呢？谈判组围绕这些问题进行了认真分析。

最后统一的意见是：先沉住气，摸清情况后，再做进一步打算。于是中方谈判组决定分头行动，一部分人搜集市场信息，以分析价格条件；另一部分人把握谈判形势，B 经理设法与对方律师接触，获取信息。

调整行动方案

B 经理将情况与谈判组人员沟通后，决定缩短在法逗留时间，利用 2~3 天调查研究并适当参观巴黎文化景点，同时再通过律师与 P 公司联系一次，看总经理是否回巴黎或是否愿意恢复谈判，再决定具体回国日期与航班。两天后，B 经理与律师通话，得知 P 经理仍未回国，于是全团决定提前回国。

又见曙光

中方回国一个月后，律师来电，说 P 公司总经理回国后即与其交换了意见，他表示歉意，但同时表示重视与中方的交易，若中方邀请，他们可组团来华谈判。双方很快办妥了相关手续。

继续谈判，签署合同

由于这是上次谈判的继续，双方均同意先谈关键分歧点。虽然在巴黎时双方差距有50%，但这次谈判双方真正体现了互相配合求公正的态度。

P公司承担了22%的差距，加上在巴黎谈判时改善的5%，总量达27%；中方承担了28%的差距，退让似乎比法方大，但总体差不多。双方人员迅速整理交易内容及合同文本，中方组织人员打印合同。

案例来源：https://www.xiexiebang.com/a14/201905156/2ed2e31169c7ad4.html.

根据本案例，谈一谈你从采购谈判成功中获得了哪些启示。

六、采购合同的概念

采购合同是企业（供方）与分供方，经过双方谈判协商一致同意而签订的"供需关系"的法律性文件，合同双方都应遵守和履行，并且是双方联系的共同语言基础。签订合同的双方都有各自的经济目的，采购合同是经济合同，双方受"经济合同法"保护并承担责任。

采购合同是商务性的契约文件，其内容条款应包括：供方与分供方的全名、法人代表，以及双方的联系方式，如电话、电报、电传等；采购货品的名称、型号和规格，以及采购的数量、价格和交货期；交付方式和交货地点；质量要求和验收方法，以及不合格品的处理，当另订有质量协议时，则在采购合同中写明见"质量协议"；违约的责任。

七、采购合同的签订

1. 采购合同订立前的准备工作

（1）审查合同主体的资格；

（2）审核合同的内容；

（3）注意审核要点。

2. 签订采购合同的原则

（1）合同的当事人必须具备法人资格；

（2）合同必须合法；

（3）签订合同必须坚持平等互利，充分协商的原则；

（4）签订合同必须坚持等价、有偿的原则；

（5）当事人应当以自己的名义签订经济合同，委托别人代签，必须要有委托证明；

（6）采购合同应当采用书面形式。

3. 签订采购合同的程序

签订采购合同的程序是指合同当事人对合同的内容进行协商，取得一致意见，并签署书面协议的过程。

（1）订约提议；

（2）接受提议；

（3）填写合同文本；

（4）履行签约手续；

（5）报请签证机关签证，或报请公证机关公证。

七、采购合同范本

采购合同范本如下：

_____采购合同

合同编号：

需方（以下简称甲方）：_____

供方（以下简称乙方）：_____

因甲方工程建设需要，甲乙双方本着平等互惠的原则，根据《中华人民共和国合同法》中有关规定，为明确双方的权利义务关系，经双方协商一致签订以下合同，望共同遵守。

第一条　货物名称、规格型号、数量

序号	材料名称	规格型号	单位	暂定数量	单价/元		总金额	备注
					不含税单价	合价（含增值税）		
1								
2								
3								
4								
合计金额	大写：		元整		小写：		元	

第二条　供货时间

具体供货时间以甲方书面通知为准，最终全部到货时间为甲方通知乙方期满后____天以内；供货数量甲方有权视工程需要及现场存储情况进行调整，乙方应予配合。

第三条　质量技术标准、供方对材料质量责任

乙方供应材料质量应符合：工程建设单位为本工程编制的《招标文件》、施工图设计及其引用的相关国家或行业标准与规范（应写明具体规范名称及标准编号）的要求，若甲方对产品有特殊要求，同时还应满足甲方的特殊要求。在工程实施过程中，所引用的国家或行业标准或规范如果有修改或新颁，应由甲方决定是否用新标准或新规范，对此乙方应予理解并承担其风险。

乙方对供应产品质量负责，在未经甲方同意的前提下擅自变更生产厂家或标准时，甲方有权终止协议，因此造成的损失由乙方承担全部责任。材料到达甲方指定交货地点时，乙方应及时提交产品合格证等质量证明资料，双方共同现场抽样封存并由甲方和监理共同检验，当产品不合格时甲方有权拒绝收货。当因材料质量原因造成工程停工或返工时，乙

方应负全部责任并承担相应的费用损失。

第四条 货物数量、单价

1. 供货数量：清单所列供货数量仅为暂定数量，如遇工程变更或实际消耗用量与计划不符导致数量变化，甲方有权进行总量调整，调整结果应及时以书面形式通知乙方。通知前到场货物由甲方按规定价款支付，因变更数量给乙方造成的其他损失由乙方全额承担。结算数量以实际到场并经甲方验收合格的数量为准。

2. 货物单价：指材料运抵甲方指定地点的综合单价，即全部报酬，含：产品运杂费及按规定应缴纳的各种税费。

3. 乙方为材料各种税费的义务缴纳人或代缴人或义务扣缴人，甲方不承担采购单价以外的任何费用。因此给甲方造成的任何损失或责任，乙方应负全责。

第五条 货物运输与验收

1. 产品的交货单位：＿＿＿＿＿＿＿＿＿＿＿＿＿＿＿＿＿＿＿。

2. 交货方式：＿＿＿＿＿＿＿＿＿＿＿＿＿。

3. 运输方式：＿＿＿＿＿＿＿＿＿＿＿＿＿。

4. 甲方指定的到货地点＿＿＿＿＿＿，接货单位（或接货人）为＿＿＿＿＿＿＿＿＿。

5. 验收（根据所供应物资属性不同，选择验收方式）。

乙方应在交货的同时向甲方提交该批产品的《产品质量证明书》或《质量检验报告》和其他相关技术质量资料。

供货材料的《产品质量证明书》必须和到场材料的生产批号一致，如出现不一致或造假行为，造成甲方各种损失，由此产生的费用由乙方承担。

第六条 结算方式

1. 甲方验收合格并收料前发生的一切费用或损失，以及造成的第三者损失均由乙方自负，甲方不承担任何费用及责任。

2. 乙方货款结算人原则上应为合同指定结算人，非合同指定结算人办理货款结算时，须由合同当事人或持合同当事人签发的授权委托书。

3. 到场物资，由甲方相关部门验收合格后，乙方凭甲方签认的并经甲方审核无误的送货单（若因乙方单据丢失，由乙方自行承担损失，甲方概不负责），到甲方部门办理相关结算手续并提供增值税专用发票，凭税控机的清单和专票付款；如果供应商提供的增值税发票是假的或虚开的，被相关部门查出，一切责任由供应商承担。若不能按照甲方要求提供发票，甲方有权拒绝给乙方支付。付款方式为银行转账，乙方指定的收款银行为：＿＿＿＿＿＿＿＿＿＿＿，银行账号为：＿＿＿＿＿＿＿＿＿＿＿＿＿＿＿＿＿＿。

4. 如果甲方丢失增值税专用发票的发票联和抵扣联，则乙方有义务向采购方提供专用发票记账联复印件，以及乙方主管税务机关出具的《丢失增值税专用发票已报税证明单》或《丢失货物运输业增值税专用发票已报税证明单》。

第七条　产品的包装标准和包装物的供应与回收

产品的包装标准要符合国家有关部门的标准。必要时甲方声明对包装的要求。产品的包装物，由乙方负责供应，甲方负责回收和处置。包装物费用如合同中没有特殊说明，不得向甲方另外收取。乙方如果对回收有特殊要求的，应在合同中明确，否则甲方有权自行处置。

第八条　违约责任

1. 乙方逾期供货的，应根据逾期供货部分的货款，按每日 5‰ 计算向甲方支付逾期供货的违约金，并承担甲方因此所受的损失。

2. 当乙方连续或累计超过____次的供货数量不能满足合同约定的数量时，属于违约，甲方有权变更采购材料数量，甚至终止合同并要求乙方赔偿损失或承担合同总价____%的违约金，违约金不跟销售额挂钩，乙方支付的违约金与商品销售量、销售额无关。

3. 当乙方所供材料质量无法达到规定标准时，属于违约，甲方有权终止合同并要求乙方赔偿相应的经济损失。

第九条　不可抗力

甲乙双方的任何一方由于不可抗力的原因不能履行合同时，应及时向对方通报不能履行或不能完全履行的理由，在取得有关主管机关证明以后，允许延期履行、部分履行或者不履行合同，并根据情况可部分或全部免予承担违约责任。

第十条　其他事项

1. 乙方在生产加工及运输的过程中应遵守国家安全生产、道路交通安全及环境保护的有关规定，对因此造成的损失或第三者损失，乙方应自行承担，甲方不承担任何责任。

2. 乙方应保证甲方收料人员在收料过程中秉公办事，不得对其行贿、腐化，不得因双方分歧滋事，否则，甲方有权随时终止合同。同时，乙方应监督甲方人员是否向乙方索取非法报酬，若有，乙方可及时向甲方项目部领导举报，也可向公司纪检监察科举报。

3. 乙方应负责己方在合同执行期间与相关部门、单位、组织或个人发生的一切债权、债务的处理，因此给甲方造成的任何损失，甲方有权从乙方得到双倍的赔偿。

4. 本合同未尽事宜，双方进行协商。协商结果以"补充协议"的形式作为本合同的附件，与本合同具有同等法律效力。

第十一条　合同争议的解决方式

本合同未尽事宜，双方协商解决；若协商不成，乙方须向甲方上级合同管理部门申请协调，如协调不成，甲乙双方一致同意，因本合同引起的或与本合同有关的任何争议，均提请甲方单位注册地仲裁委员会按照其届时施行的仲裁规则进行仲裁。仲裁裁决是终局的，对双方均有约束力。

第十二条　本合同一式四份，甲方三份，乙方一份，自双方签订之日起生效，均具有同等法律效力。

需　　　　方（甲方）	供　　　　方（乙方）
单位名称（章）：	单位名称（章）：
单 位 地 址：	单 位 地 址：
法定代表人：	法定代表人：
委托代理人：	委托代理人：
开 户 银 行：	开 户 银 行：
银 行 账 号：	银 行 账 号：
邮 政 编 码：	邮 政 编 码：
电　　　话：	电　　　话：

合同签订时间：　　　年　　　月　　　日

附件：1. 乙方资信证明。

2. 乙方法定代表人证明书和委托代理人授权委托书。

3. 乙方合同签订人身份证复印件。

想一想

如何规避采购合同中的风险？

任务实施

以小组为单位对任务内容进行分析，思考如何帮助新科电脑公司规划采购谈判流程与要点，并拟定一份采购合同。各小组完成后派代表进行方案展示。

任务评价

完成任务评价表，见表 1-14。

表 1-14　任务评价

项目	评价标准	分值	自我评分	小组评分	教师评分
专业能力 50 分	采购谈判的概念、内容及影响因素	5 分			
	谈判准备的 3 个环节、实施谈判的 5 个技巧和谈判后的 5 个工作	10 分			
	采购合同内容	5 分			
	根据谈判策略完成采购谈判业务	15 分			
	起草采购合同并按照谈判情况进行合同修订与签订工作	15 分			
方法能力 20 分	获取信息能力	5 分			
	解决问题能力	5 分			
	独立工作能力	10 分			
社会能力 20 分	团结协作能力、人际交往能力、职业适应能力、语言表达能力、规范行为能力等社会能力	20 分			
思政感悟 10 分	遵纪守法、廉洁自律、虚心谨慎；底线意识和法律意识	10 分			
综合得分		100 分			
评语 （请完成评价后进行评语撰写，可以就课堂表现中的优缺点、掌握的知识与技能、方法能力与社会能力等情况进行评价）					

知识检测

一、不定项选择题

1. 采购合同的内容包括（　　　）。

　　A. 品质条款　　　　　　　　B. 装运条款

　　C. 支付条款　　　　　　　　D. 价格条款

2. 采购订单发给供应商之后，采购部门接下来应（　　　）。

    A. 等待验货
             B. 等待收货

    C. 进行订单跟踪和跟催
    D. 准备开票和支付货款

3. 采购谈判方案是在谈判开始前对谈判目标、谈判议程、谈判策略预先所做的安排。下列（　　　）不是采购谈判方案制定的要求。

    A. 富有弹性
             B. 简明扼要

    C. 明确、具体
       D. 节约

二、判断题

1. 谈判的目标只为了确定商品的价格。   （　　　）

2. 采购的范围是有形的物品，一般不包括无形的劳务。   （　　　）

3. 采购工作只是注重价格，其他的如供应商货期及技术之类的问题不须重视。

                                     （　　　）

4. 准备招标文件不是非常关键的环节，不会直接影响到采购的质量和进度。（　　　）

5. 采购谈判既是一门科学，又是一门艺术。   （　　　）

6. 合同签订的程序包括要约和承诺。   （　　　）

任务5　采购实施与供应管理

学习目标

1. **知识目标**
- 理解采购的操作流程与采购流程再改造。
- 了解供应链管理环境下的采购特点。
- 熟悉采购与供应战略。

2. **能力目标**
- 能够运用采购与供应战略完成企业采购实施供应管理业务流程优化与改造。

3. **素养目标**
- 能够提升信息的检索、搜集、整理能力。
- 具备良好的表达能力和展示能力。

4. **思政目标**
- 建立采购人员的原则意识，达成采购管理人员的道德品质要求。

建议学时

4 课时

学习课件

任务描述

新科公司是一家针对中国消费者的电脑产品设计生产制造公司。该公司在广东东莞拥有电脑生产基地，基地拥有 10 条最为先进的生产线，年产能最高可达 50 万台电脑。自从 2000 年在广东东莞成立以来，新科公司快速成长，但是，在销售管理、生产管理、采购管理等方面存在诸多问题，包括业务流程信息不透明、供应商管理缺乏有效的协同机制、业务流程"纯手工作业"导致费时且容易错误、生产计划和采购脱节、单一供应商供货、零部件库存积压或断料现象时有发生、生产线的运作极不稳定、供货不及时、客户投诉增加。为了解决日益恶化的问题，新科公司开始着手改造采购与供应系统。请你选择合适的采购与供应战略，为新科公司的管理层解决现有问题，并对优化与改造企业采购实施供应管理业务流程给出合适的意见建议。

任务分析

一、采购流程与采购流程再改造

（一）采购流程

采购流程也称采购实施过程，主要实施步骤包括：

1. 接受采购任务，制订采购单

企业需求部门把采购需求报到采购部门，采购部门将要采购的物资汇总，再分配给部门采购人员，同时下达采购任务单；或采购部门根据企业生产销售的情况安排物资采购计划，给各个采购人员下采购任务单。

2. 制订采购计划

采购人员在接到采购任务单之后，要制订具体的采购工作计划，包括资源市场调查（商品、价格、供应商的调查分析），供应商选择，采购方法确定，采购日程计划，运输方法确定及货款支付方法确定等。

3. 签订订货合同

与供应商反复磋商谈判、讨价还价，确定价格、质量、送货、服务及风险赔偿等各种限制条件并以订货合同的形式规定下来。

4. 运输进货及进货控制

发出采购订单（履行合同）并开始运输进货。采购人员完成物料跟催，确保按时到货。

5. 验收入库

到货后，完成物资验收和入库，包括数量和质量的检验。

6. 支付货款

货物到达后，必须按合同规定支付货款。

7. 善后处理

采购总结（绩效评估）。

（二）采购流程再改造

迈克尔·波特把企业的业务流程描绘成一个价值链，指出竞争不是发生在企业与企业之间，而是发生在企业各自的价值链之间。只有对价值链的各个环节实行有效管理的企业，才有可能真正获得市场上的竞争优势。流程中所发生的一切事情都可以归入两个范畴：增值活动和非增值活动。采购流程再造时，组织应尽量保证采购增值活动以最高效率的方式开展，而非增值活动则应控制到最少。企业只有从战略和全局的高度来考虑战略业务流程和经营业务流程的再造，才能长久立于不败之地。

采购流程再改造与创新应注意：首先，应以企业生产或服务作业的流程为审视对象，从多个角度重新分析审视其功能、效率、成本、可靠性、准确性，找出其不合理因素，然后以效率和效益为中心对流程进行重新优化设计，以达到业绩上质的飞跃和突破。其次，减少或联合现有供应商的数量，从根本上减少无增值的交易数量，从职能到过程都进行再造。供应商也可以担当部分研发者的角色，对原材料、零部件或服务提出改进，从而使供应商的贡献最大化。最后，重新装备信息系统，建立快速反应机制。为了提高企业整个供应链的需求信息的一致性和稳定性，减少由于多重预测导致的需求信息扭曲，应增加供应链各方对需求信息获得的及时性和透明性。整个供应链通过构建库存管理网络系统，使所有的供应链信息与供应链的管理信息同步，从而提高供应链各方的协作效率，降低成本，提高质量。为保证需求信息在供应链中的畅通和准确性，要将条码技术、扫描技术、POS系统和 EDI 集成起来，并且要充分利用 Internet 的优势，在供应链中建立畅通的信息沟通桥梁和联系纽带。

衡量流程再改造是否成功的标准：

（1）流程是否清晰明确并使之标准化。

（2）流程是否以顾客为中心经过反复优化。

（3）流程是否消除了各部门的信息来源，这些信息对企业来说是至关重要的。

试一试

阅读资料，回答问题：

资料1

首先，要了解采购的物料的期限和供应商的基本信息。每个公司的采购期限可能不一样，但都是大同小异。普通电子元配件在5~10天，视产地和品牌而定，像一些国外电子元件可能就要在2~3周，还有一些较特殊的电子元件可能还要更久一些。而一些五金小配件，如车件或是冲床件之类的五金，可能在7~15天，这方面还得看是否开模具制样品，如果开模具试样还要更长一些时间。时间的长短要视供应商自身而定了。而一些包装材料采购在7~13天，如果是打样后再生产的还多出3天左右。这就是一般的采购周期，时间的长短要看供应商本身资本而定，对他们的基本信息要全面地了解，如供应商的备料周期是多长时间？供应商有没有库存量？供应商有没有设计（开发）工程部人员？供应商的品质管理和质量体系有什么要求？供应商的生产能力是多少？至于对供应商的结账周期和付款方式及交货类型是在开发供应商时就要清楚的。

其次，要知道生产工单的计划和安排。生产工单就是业务接到的市场（营业）订单。不管哪家企业都有一个生产计划，作为采购员你要清楚地知道哪个机种（工单）几时上线。清楚知道这方面的计划和安排对你的采购催料是非常有用的。如果遇到供应商供不应求时或是停料时，可随时安排和发出指令给供应商要赶哪个料件，因为供应商的窗口对应的就是你，作为采购员，你要担当起供应商生产计划的安排工作，不要让供应商按之前的一些订单交期盲目地去生产一些不急着上线的料件。如果确实是料件有特殊原因不能正常到位，也要跟生产主管协商上哪些料件，不要让生产设备和人员在现场滞料生产。对应急的工单或是提前生产的工单催料及时、准确地掌握供应商的物料交期，只有熟悉了公司的生产计划才能很好地跟催供应商供料。

最后，要清楚地了解公司内部运作和料件性能的明细及与供应商的沟通方式。遇到物料品质异常时，要及时地找到相关人员去解决；供应商在试产遇到一些技术的"疑难杂症"时，要协同工程部人员去帮助解决；遇到供应商备料不到时，要帮助供应商联系企业看看能不能解决。采购员要做的事有很多，不只是出一张订单在电话边上催料就行的。作为采购员，除了熟悉供应商供货的料件外，还要清楚自己的公司料件性能和使用环境，如涉及一些安规认证和ROHS认证等都需要一些文件，如果作为采购员不熟悉，要求供应商提供的文件不是所需求的，那就是在浪费大家的时间和精力。剩下的就是生产需求的每款料件不能正常交货时就对供应商大发脾气，甚至还以威胁的口气说要扣款处理，这样只会让事态更加恶化，因此要做到怒而不躁，惊而不惧。当遇到这样的情况，只能跟他说这件事因待料而导致要赔多少钱，从而使他要停下其他工件来做这件事。

要求：

1. 假设你是一名企业采购员，试分析物料跟催管理方法还有哪些？

2. 试分析该采购员在物料跟催方法上还有哪些方面需要完善？

资料2

我不知道各位采购同仁是否有过同样的烦恼：供货商不能及时交货，还振振有辞。我不想点名这些企业的名字，但是可以这样肯定地告诉大家，它们绝对不是那些名不见经传的小单位。它们在同类产品中几乎都是国内前五名，甚至第一、第二的；至少我负责直接采购的大件货物生产厂家绝大部分排名在前十。

一直以为，这些大厂应该是严格遵守合同的，但是，请看以下案例：

某风机厂：产品质量、名气、产值综合评分在国内同行排名前十，绝对没有人不认可，而且还是美国上市公司（我们长期合作单位，每年业务量不少于800万元）。

合同签订交货期：95天；合同金额：135.45万元；付款方式：转账支票。

合同签订后两个月：我电话联系，询问进展情况，业务员回答："别着急，保证按时交货。"

两个半月：业务员支支吾吾……，我感觉不妙，立即发传真，要求他们书面回答我进度情况；不回传真，电话联系反问我是不是真的要按期提货。

4月1日星期天，我连夜赶过去（一夜汽车，770 km），我知道周一是他们的例会日，发现原材料还没有买，我非常生气，要求业务员回答我什么原因，没有理由。我见了他们的销售经理，调度会后，书面保证在4月20日交货。我知道这个只要排产，真正的生产周期只要20天左右，20日交货，正常生产即可。

4月13日再次联系，问做得怎么样了，回答：壳子成型了，主轴和叶轮在机床上。随后同时向我保证25日交货绝对没有问题！

我一听怎么又推迟了几天？立即追问……但没有满意的答复。

立即安排人要过去，但是答复休息，没有人，所以我再次安排人周日晚上过去，周一到达。结果：只看见了几片外壳割下的料，还有其他的轴、叶轮，还有欺骗我们那个人。

4月25日下午，再次问发货了没有，告诉我：在5月1日前发货！我问怎么这样？究竟怎么安排的？告诉我，他们24小时赶工。

29日再问，回答：能不能在5月1日后发货呀？争取10日发机壳，15日发转子。保证你们20日开机。

立即向领导汇报，总经理一听急了，要求马上出发，亲自开车陪我一起去，为了同一批货去了3趟4人次！

对方总经理亲自接见我们，第一句话："你们放心，保证不影响你们整体进度，昨天我刚把生产厂长撤职了。"这次到车间看货：壳子成型了；主轴粗加工后睡在地下，"时效处理"，还需要：调质处理、精车、淬火、磨……；叶轮还刚割了两端平板！一再要求后，对方总经理安排生产分厂给出了进度表，保证5月8日交货，写了书面批示并盖章。

（此处省略了多次电话、传真的催货经过）

我不知道今天是几号了？早上电话联系，回答：快了，快了，马上好！

朋友，你是否愿意继续跟他们这种人打交道？

要求:

1. 分析该风机没有按时交货的原因。

2. 假若你是一个采购员,怎样做催货工作?

资料 3

2007 年 12 月,北京市质量技术监督局发布饮用水的质量抽查结果,近七成纯净水不合格。8 月 3 日,湖北省卫生厅公布了桶装水的质量抽检结果。娃哈哈、安吉尔在不合格之列。8 月 6 日,广东省工商局公布了对饮用水的抽查结果,抽查合格率仅为 30.3%。此前,安徽省质监局公布的对饮水机产品进行的省级监督抽查结果显示,饮水机产品合格率不足两成。

业内人士分析认为,以前,国家质监部门在发布质量检验报告时,总是模糊地称,大企业的产品质量相对较好。但多年来,涉水产品质量抽查结果屡屡不理想,以及一些无良企业胆子越来越大,迫使政府部门痛下决心,曝光一些大企业、大品牌,杀一儆百。

1. 乱贴牌现象严重

经调查,南京熊猫电子根本就不生产饮水机,只是将饮水机这一项的商标使用权租给了慈溪企业使用,而被曝光的正是浙江省慈溪市的一个手工作坊生产的产品。同南京熊猫事后保持沉默不同,深圳新世纪饮水设备有限公司火急火燎地跳出来声明,"出事"的安吉尔同它没有任何关系。

果真没有关系吗? 其实不然。经多方求证,惠州安吉尔原来也是深圳新世纪公司的合作联营单位,只是后来分了手。

水家电贴牌乱象在浙江省慈溪市很普遍,当地人告诉记者,几乎国内所有的大品牌都在慈溪做贴牌。1998 年前后,慈溪做水家电最火爆。当时,慈溪全市拥有涉水产品生产"卫生许可证"的企业就有数十家,各类水家电生产企业更是有数百家之多。

2."三低"现象困扰

水家电行业存在的技术门槛低、产品利润低、从业人员素质低的"三低"现象,影响了水家电产业健康有序的发展。由于水家电行业进入门槛太低,鱼目混珠,滥竽充数的手工业作坊不可胜数。而一些规模型企业为了能够快速夺得市场份额,不惜以牺牲质量为代价,偷工减料,低价竞争,也给涉水产品的质量蒙上了阴影。

资料来源:佚名. 水家电质量堪忧 安吉尔娃哈哈产品质量不合格 [EB/OL]. (2207-12-11) [2023-01-04]. http://www.sina.com.cn.

要求:

1. 作为水家电的采购人员,怎样防止自己采购的商品出现上述现象?

2. 如果遇到了不合格的水家电,你将如何处理?

二、供应链管理环境下的采购特点

（一）采购与供应链的关系

当今时代，由于市场竞争的剧烈，企业越来越重视供应链管理并希望通过提升整体供应链绩效从而获取竞争的优势。采购是供应链管理的重要环节及内容之一，企业可以通过加强采购管理来增强供应链的系统性和集成性，并提高企业的敏感性和响应性，从而使供应链系统实现无缝连接，为提高供应链企业的同步化工作效率打下基础。

在供应链管理模式下，对采购工作的要求可以用5个"恰当"来描述，包括恰当的数量（实现采购的经济批量，既不积压又不会造成短缺）、恰当的时间（实现准时化采购管理，既不提前给库存带来压力，也不滞后造成缺货）、恰当的地点（实现最佳的物流效率，尽可能节约采购成本）、恰当的价格（达到采购价格的合理性，价格过高会造成浪费，价格过低难以保证质量）、恰当的来源（力争实现供需双方之间的合作协调，达到双赢的效果）。

（二）供应链环境下的采购特点

供应链环境下的采购具有以下特点：

（1）从库存驱动向订单驱动转变。在供应链管理模式下，采购活动是以订单驱动的，即生产决定采购，制造订单驱动采购订单，采购订单再驱动供应商。

（2）采购管理向外部资源管理的转变。即把供应商的生产制造过程看作是采购企业的一个延伸部分，采购企业可以"直接"参与供应商的生产和制造流程，从而确保采购材料质量的一种做法。外部资源管理是实现供应链管理的系统性、协调性、集成性和同步性，实现供应链企业从内部集成走向外部集成的重要一步。实现外部资源管理，应做到与供应商建立一种长期的、互利合作的协作伙伴关系，参与供应商的产品设计和产品质量控制过程（同步化运营），协调供应商计划，建立一种新的且有不同层次的供应商网络，对供应商的数量进行管理。

三、采购与供应战略

（一）采购战略的制订过程

采购战略制定过程见图1-2。

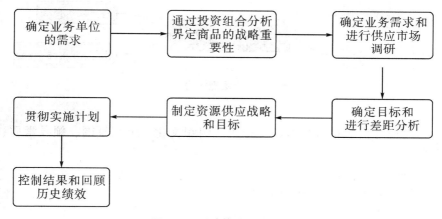

图1-2 采购战略制定过程

（二）采购与供应战略

1. 供应库优化

供应库优化是确定保留适当数量的供应商和对供应商进行重新组合的过程。

虽然它是指确定供应商的适当规模，但通常是减少所使用供应商的数量。另外，那些没有能力在现在或者最近时期内达到世界级绩效水平的供应商，将会从供应商名单中删除。

2. 全面质量管理

全面质量管理（TQM）要求供应商进行统计过程控制（SPC）、设计试验、研究生产能力以及进行质量检查以消除程序变动，提高及时发现问题的能力，显示改正活动偏差的能力。同时，全面质量管理要求供应商持续不断地改善以形成零缺陷理念。此外，全面质量管理强调需求满足和超过客户需求。

3. 全球采购

全球采购（又称国际采购）是要求采购部门将全世界看作零部件、服务、产成品的潜在供应源的一种方法。它通常用于评价一个新市场或者对可能有助于公司更具竞争实力的同一家供应商进行沟通联络。

4. 长期供应商关系

长期供应商关系是指在未来的一段时间内（如3年或者更长）选择关键供应商并与选定的关键供应商紧密合作。通常情况下，使用长期供应商的重要性程度不断上升，并且大多数情况下都是通过签订长期合同的形式来形成的。

5. 采购方的全部成本

采购方的全部成本（TC）是指考虑超越单位成本、运输和工具识别并考虑全部成本的方法。它要求业务单位界定并计算所有需要采购产品的各种成本构成。大多数情况下，其中包括延期配送造成的成本、质量低劣或由于供应商无效而形成的其他形式的成本。

6. 市场竞争力分析

市场竞争力分析主要是进行五力分析法，见图1-3。

图1-3　市场竞争力分析

7. 供应内部环境分析

供应内部环境分析包括分析核心竞争力、组织文化、组织氛围、领导素质、组织结构、资源条件。

8. 企业生命周期的核心能力分析

企业生命周期的核心能力分析见图1-4。

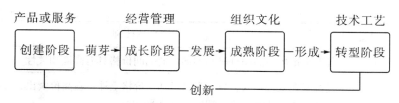

图 1-4　企业生命周期的核心能力分析

9. 自制或外购战略影响因素

自制或外购战略影响因素见图 1-5。

图 1-5　自制或外购战略影响因素

10. 供应商的战略选择

供应商的战略选择见图 1-6。

图 1-6　供应商的战略选择

11. 期货投机

期货投机是指在期货市场上纯粹以牟取利润为目的而买卖标准化期货合约的行为。期货投机的经济功能包括承担价格风险、提高市场流动性、保持价格体系稳定、形成合理的价格水平、维护产业均衡。

期货投机的经济功能及具体体现见表 1-15。

表 1-15　期货投机的经济功能及具体体现

期货投机的经济功能	具体体现
承担价格风险	期货投机者承担了套期保值者力图回避和转移的风险，使套期保值成为可能
提高市场流动性	对冲合约，增加期货市场交易量，减少交易者进出市场所可能引起的价格波动

表1-15（续）

期货投机的经济功能	具体体现
保持价格体系稳定	各期货市场商品间价格和不同种商品间价格具有高度相关性
形成合理的价格水平	投机者在低价购入，导致需求增加、价格上涨；在高价卖出，导致需求减少、平抑价格，从而形成合理的价格水平
维护产业均衡	投机者预期未来供给短缺会提高远期价格增加供给方套期保值利润并鼓励产业扩大生产，以弥补未来供给不足的风险，避免了真正短缺的出现。投机者预期未来需求不足，则通过打压远期价格来促使套期保值者释放存货，提前降低产业链整体库存，避免未来库存大量积压的风险，缩短产业积库周期，维护产业库存均衡

任务实施

1. 学生以小组为单位，查看案例资料，选择合适的采购方式，为新科公司设计采购及供应物流业务流程以完成案例分析任务。

2. 任务成果以流程图形式提交。

任务评价

完成任务评价表，见表1-16。

表1-16 任务评价

项目	评价标准	分值	自我评分	小组评分	教师评分
专业能力 50分	采购业务流程实施与改造	15分			
	采购与供应的关系分析	10分			
	供应链管理环境下的采购特点分析	10分			
	采购供应战略理解与运用	15分			
方法能力 20分	获取信息能力	5分			
	解决问题能力	5分			
	独立工作能力	10分			
社会能力 20分	团结协作能力、人际交往能力、职业适应能力、语言表达能力、规范行为能力等社会能力	20分			

表1-16(续)

项目	评价标准	分值	自我评分	小组评分	教师评分
思政感悟 10分	建立采购人员的原则意识，达成采购管理人员的道德品质要求	10分			
综合得分		100分			
评语 (请完成评价后进行评语撰写，可以就课堂表现中的优缺点、掌握的知识与技能、方法能力与社会能力等情况进行评价)					

知识检测

一、判断题

1. 供应库优化是确定保留适当数量的库存量。 （　　　）

2. 买方集中度、买方购买数量、买方获取资讯的能力、现存替代品、消费者价格敏感度、总消费金额、现存的替代原料、供应商集中度都是属于五力分析模型考虑的内容。 （　　　）

3. 供应外部环境分析包括分析核心竞争力、组织文化、组织氛围、领导素质、组织结构、资源条件。 （　　　）

4. 在企业衰退阶段，主要考虑生产什么产品或提供什么服务。 （　　　）

5. 期权既是一种权利，也是一种义务。 （　　　）

6. 采购订单须经核准。 （　　　）

7. 采购订单标明了供应商、要订购的物料或服务、数量、价格、供货日期和供货条款。 （　　　）

8. 采购订单价格更新一般情况下会更新其他基础价格表中的内容，最多只是更改供应商价格表中的价格信息。 （　　　）

9. 由于供应商产能降低或质量下降，在不能按时供货的情况下，要求供应商先提供小批量物资，以避免停工待料，同时为采购部门赢得向其他供应商采购的时间。 （　　　）

10. 要不断地在电话中提醒厂商的交货期责任，要让对方保证产品生产，杜绝人为因素造成交货期的不准时。 （　　　）

二、案例分析

西蒙汽车公司是欧洲一家新能源汽车制造商，面向全球进行新能源汽车销售。随着新能源汽车的普及，该公司销售数量在不断增加，对零部件采购需求也出现反应度低、可靠性低及客户满意低等问题。

思考题：请你就该公司存在的问题，提出改进采购工作的合理建议和举措。

项目小结

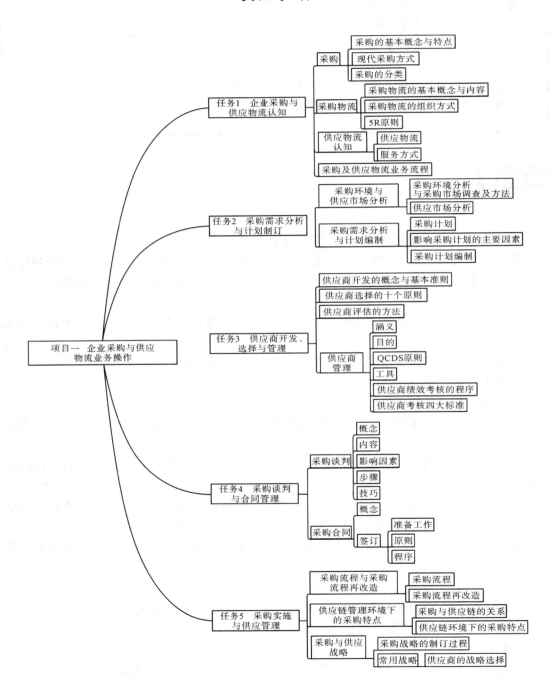

项目二　企业生产物流业务操作

工作情境描述

新科公司是一家针对中国消费者的电脑产品设计生产制造公司。该公司在广东东莞拥有电脑生产基地，进行本地化生产。生产基地拥有 10 条最为先进的生产线，年产能最高可达 50 万台电脑。现需要对生产基地进行生产过程管理、产能计算、库存控制、物料质量控制及现场管理，计划新设仓库并完成仓库规划，以优化工作流程并提高企业生产物流工作效率。

工作流程与活动

任务 1　生产物流与生产计划认知（4 学时）
任务 2　物料需求计划的制订　　（4 学时）
任务 3　物料仓库选址与规划　　（4 学时）
任务 4　物料存储作业管理　　　（4 学时）
任务 5　物料库存的控制　　　　（4 学时）
任务 6　物料质量控制与现场管理（4 学时）

建议学时

24 课时

任务 1 生产物流与生产计划认知

学习目标

1. 知识目标

■ 熟悉生产运作与生产运作管理的概念、任务。

■ 熟悉生产运作的类型及其特征。

■ 了解生产计划体系。

■ 了解生产周期的计算方式。

■ 熟悉生产能力及生产计划指标。

2. 能力目标

■ 能够分析企业的生产运作类型。

■ 能够正确计算产品生产周期。

■ 能够正确运用在制品定额法编制生产作业计划。

■ 能够正确计算生产能力。

■ 能够运用生产计划指标评价企业生产计划执行情况。

3. 素养目标

■ 能够掌握理论与实践相结合的学习方法。

■ 能够提升分析能力、表达能力、文字处理能力及团队合作能力。

■ 能够提升库存管理能力及物流职业能力。

■ 形成严谨认真的工作意识。

4. 思政目标

■ 了解现代物流科学决策和管理方式，对中国物流现状充满信心。

■ 树立服务现代化物流新格局的社会责任感。

建议学时

4 课时

学习课件

任务描述

新科公司是一家针对中国消费者的电脑产品设计生产制造公司。该公司在广东东莞拥有电脑生产基地，进行本地化生产。该公司在产品生产过程中实行对电脑产品实施精细化、规范化的设计，制造，物流，销售的生产模式；自行设计和开发集成综合自动化系统；设计了10条先进的综合自动化生产线以及生产过程控制模型；实现了对重要零部件的优化控制，为稳定、持续、规模化生产优质产品提供了基础条件，年产能最高可达50万台电脑。该公司的企业管理和生产制造执行系统与该公司的其他信息管理系统紧密联系，既具有生产调度、作业计划和实绩收集分析三大基本功能，又具有能源监控、质量监督、设备监视等辅助功能。企业以价值理念、创新理念、战略理念为基础，形成了科学且极富特色的生产与运作体系。

请分析：

1. 该公司生产经营过程中，主要包括哪些职能？

2. 结合案例思考，企业想要做大做强，在市场上具有竞争力，应如何做？

3. 该公司的笔记本电脑组装流程包括：印刷电路板电子元件的布线、电子元件焊接、电路板检查、屏幕及网络摄像头和麦克风组装、Wi-Fi数据天线安装、薄金属框架安装、触摸板连接、散热器及内存条安装、蓝牙及固态硬盘安装、电池安装、键盘安装、测试。请分析笔记本电脑组装的生产运作类型及适用的移动方式（顺序移动/平行移动/平行顺序移动）。

4. 请填写表2-1"生产任务表"和表2-2"产量任务表"，完成该公司2021年第一季度生产计划编制。

5. 请完成表2-3该公司1车间1月份第一周生产作业计划的编制，并计算计划表中各零件的废品率。

表2-1　生产任务表

月份	1月	2月	3月
A产品产量/台			
B产品产量/台	6 000	6 000	6 000
总工时/时	3 400	3 400	3 750

表 2-2　产量任务表　　　　　　　　　　　　　　　　单位：台

月份	1 月				2 月				3 月			
周次	1	2	3	4	5	6	7	8	9	10	11	12
A1 型产量		320		320		480		480		640		640
A2 型产量	300	300	300	300	450	450	450	450	600	600	600	600
A3 型产量	80		80		120		120		160		160	
月产量												

表 2-3　生产作业计划　　　　　　　　　　　　　　　　单位：台

产品名称		A2 型产量		
商品产量				
零件编号		A-211	B-221	……
零件名称		固态硬盘	风扇	……
每件台数		1	2	
装配车间	1　出产量			
	2　废品及损耗	10	15	
	3　在制品定额	30	50	
	4　期初在制品预计结存量	10	30	
	5　投入量			

任务分析

一、认识生产运作与生产运作管理

（一）生产运作

生产运作是企业组织将输入（生产要素）转化为输出（产品或服务）的过程，即企业组织在生产经营过程中创造产品和提供服务的过程。

（二）生产运作管理

1. 定义

对企业日常生产活动的计划、组织和控制，它是和产品制造密切相关的各项管理工作的总称，是对企业生产系统的设计、运行与改进的过程。

2. 目标

在顾客需要的时候，以适宜的价格，向顾客提供具有适当质量的产品和服务。

3. 内容

（1）生产运作战略的制定；

（2）生产运作系统设计（构建）管理；

（3）生产运作系统运行管理；

（4）生产运作系统的维护与改进。

4. 任务

生产运作管理的任务是指在计划期内，按照社会需要，在必要的时间内，按规定的产品质量，以限定的产品成本，高效生产必要数量的产品，保证生产系统正常顺利地运行。其主要包括生产运作活动的计划、组织与控制和生产运作系统的设计、改进与升级两方面。

二、生产运作的类型

（一）生产类型

生产类型是指以生产专业化程度为标志划分的生产类别。

（二）生产类型的划分

按生产方法分类，生产类型可以分为合成型（把不同的成分、零件合成或装配成一种产品）、分解型（把单一的产品原料进行加工分解成多种产品）、调制型（通过改变加工对象的形状或性能而制成产品）、提取型（从自然界中直接提取产品）。

按产品或服务的专业程度分类，生产类型可以分为大量生产、单件生产和成批生产。大量生产就是以大量生产的效率和成本，生产标准化的产品。大量生产长时间内只生产同一种产品，产量大，如标准件、零件子。单件生产产品对象基本上是一次性需求的专用产品，一般不重复生产。因此生产中品种繁多，生产对象在不断变化，而通常生产设备和工艺装备采用通用性的，且工作地的专业化程度很低，如各种试制产品、模具、重型机械和专用设备。成批生产是产品分批进行生产，经过一定时期后，又交替地重复进行。其在产量较大时，接近于大量生产；在品种较多、产量较小时，又接近于单件生产。

按生产工艺特点分类，生产类型可以分为流程式生产和加工装配式生产。流程式生产是通过一条生产线将原料制造成产成品，如食品、饮料制造、采掘业、冶炼业等。加工装配式生产是指产品由离散的零部件装配而成的，物料运动呈离散状态，如汽车、家具、电子设备等。

按产品市场特点分类，生产类型可以分为备货型生产和订货型生产。备货型生产是指在没有接到用户订单时，通过需求预测、生产计划、库存控制等活动来组织生产，生产的目的是补充成品库存，通过维持一定量成品库存即时满足用户的需要，如小型电动机等。订货型生产是按用户订单要求（产品性能、质量、数量和交货期等）进行生产，如船舶等。

想一想

请根据不同标准的划分方法，对生产类型的特点进行总结，并完成表2-4的填写及表2-5、表2-6的选项勾选。

表 2-4　按产品或服务的专业程度分类

项目	大量生产	单件生产	成批生产
品种			
产量			
采用设备			
专业化程度			
运作成本			
追求目标			

表 2-5　按生产工艺特点分类

特征	流程式生产	加工装配式生产
用户类型	较多/较少	较多/较少
产品品种	较多/较少	较多/较少
产品差别	有较多标准产品/有较多用户要求的产品	有较多标准产品/有较多用户要求的产品
营销特点	依靠产品的价格和可靠性/依靠产品的特点	依靠产品的价格和可靠性/依靠产品的特点
资本/劳动力/材料密集	资本密集/劳动力密集	资本密集/劳动力密集
自动化程度	较高/较低	较高/较低
设备布置的性质	流水式生产/批量生产/批量或流水式生产	流水式生产/批量生产/批量或流水式生产
设备布置的柔性	较高/较低	较高/较低
生产能力	可明确规定/模糊的	可明确规定/模糊的
扩充能力的周期	较长/较短	较长/较短
对设备可靠性的要求	较高/较低	较高/较低
维修的性质	停车检修/局部检修	停车检修/局部检修
原材料品种数	较多/较少	较多/较少
能源消耗	较高/较低	较高/较低
在制品库存	较高/较低	较高/较低
副产品	较多/较少	较多/较少

表 2-6 按产品市场特点分类

项目	备货型生产	订货型生产
产品	标准产品/用户要求的定制产品	标准产品/用户要求的定制产品
对产品的要求	可以预测/难以预测	可以预测/难以预测
价格	事先确定/订货时确定	事先确定/订货时确定
交货期	不重要/很重要,订货时确定	不重要/很重要,订货时确定
设备	使用高效专用设备/使用通用设备	使用高效专用设备/使用通用设备
人员	专业化人员/多种操作技能的多面手	专业化人员/多种操作技能的多面手

三、生产能力

生产能力是生产系统内部各种资源能力的综合反映,生产能力的大小直接关系着能否满足市场需要,所以制订生产计划之前,必须了解企业的生产能力。

(一) 广义的生产能力

广义的生产能力指技术能力和管理能力的综合。技术能力包括:人的能力和生产设备、面积的能力。

(二) 狭义的生产能力

狭义的生产能力主要指技术能力中生产设备、面积的数量、状况等能力。一般所讲的生产能力是指狭义的生产能力,即企业在一定时期内,在一定的生产技术组织条件下,全部生产性固定资产所能生产某种产品的最大数量或所能加工处理某种原材料的最大数量。

(三) 影响企业生产能力的因素

1. 固定资产的数量

固定资产的数量是指计划期内用于生产的全部机器设备的数量、厂房和其他生产性建筑的面积。设备的数量应包括正在运转的和正在检修、安装或准备检修的设备,也包括因暂时没有任务而停用的设备,但不包括已报废的、不配套的、封存待调的设备和企业备用的设备。生产面积中包括企业厂房和其他生产用建筑物的面积,一切非生产用的房屋面积和场地面积均不应列入。

2. 固定资产的工作时间

固定资产的工作时间是指按照企业现行工作制度计算的机器设备的全部有效工作时间和生产面积的全部有效利用时间。固定资产的有效工作时间同企业现行制度、规定的工作班次、轮班工作时间、全年工作日数、设备计划修理时间有关。生产面积的有效利用时间,一般不存在停工修理时间,可直接根据企业是连续生产还是间断生产的不同要求,分别按日历数或制度工作日数确定。

3. 固定资产的生产效率

固定资产的生产效率是指单位机器设备的产量定额或单位产品的台时定额,单位时间、单位面积的产量定额或单位产品生产面积占用额。

（四）生产能力核算（单一品种生产条件下生产能力核算）

1. 设备组生产能力的计算

$$M = F \times S \times P$$

或

$$M = (F \times S)/t$$

式中：

M：设备组的生产能力。

F：单位设备有效工作时间。

S：设备数量。

P：产量定额，也称为"工作定额"，是指在单位时间内规定的应生产产品的数量或应完成的工作量。

t：时间定额，即在一定的生产技术和组织条件下，工人或班组生产一定产品或完成一定的作业量所需要消耗的劳动时间。

试一试

已知设备组有机器20台，每台机器一个工作日的有效工作时间是15小时，每台机器每小时生产60件产品，该企业只生产一种产品，求该设备组一个工作日的生产能力是多少？

2. 作业场地生产能力的计算

$$M = (F \times A)/a \times t$$

式中：

M：作业场地的生产能力。

F：单位面积有效工作时间。

A：作业场地的生产面积。

a：单位产品占用生产面积。

t：单位产品占用时间。

试一试

某车间单一生产某产品，单位面积有效工作时间为每日8小时，车间生产面积1 000平方米，每件产品占用生产面积2.5平方米，每生产一件产品占用时间为2小时，问该车间的生产能力？

3. 流水线生产能力的计算

$$M = F/r$$

式中：

M：流水线的生产能力。

F：流水线有效工作时间。

r：流水线节拍。

注意：流水线节拍是流水线上生产相邻的两件制品的时间间隔，是针对装配步骤在操作时间上的优化，即分配给一个工人对于某一产品的操作时间。

试一试

某齿轮生产企业的流水线有效工作时间为每日 8 小时，流水线节拍为 10 分钟，求该企业流水线每日的生产能力。

四、生产计划

（一）定义

生产计划是关于企业生产运作系统总体方面的计划，是企业在计划期应达到的产品品种、质量、产量和产值等生产任务的计划和对产品生产进度的安排。

（二）目的

（1）为满足客户要求的三要素"交货期、品质、成本"而计划。

（2）使企业获得适当利益，而对生产的三要素"材料、人员、机器设备"的确切准备、分配及使用的计划。

（三）内容

生产计划的内容见图 2-1。

01 **生产什么东西—产品名称、零件名称**

02 **生产多少—数量或重量**

03 **在哪里生产—部门、单位**

04 **要求什么时候完成—期间、交期**

05 **成本是多少—成本控制**

图 2-1　生产计划的内容

（四）生产计划体系

1. 长期生产计划

长期生产计划是企业的战略性计划，是企业长期发展规划中的重要组成部分，与同时期的销售计划、市场预测与资金需求相协调，因此制订时要进行财务、生产和销售的综合分析。

2. 中期生产计划

中期生产计划属于战术性计划，通常称为生产计划大纲或综合生产计划，计划一般一年制订一次，故又称为年度生产计划，根据企业的经营目标、利润计划、销售计划的要求，确定现有条件下在计划年度内实现的年度目标，如品种、产量、质量、产值、利润、交货期等。具体表现为生产计划、总体能力计划和产品出产进度计划。

3. 短期生产计划

短期生产计划是年度生产计划的具体化，是由执行部门编制的作业计划。它的任务主要是依据用户的订单，合理安排生产活动中的每一个细节，确保按用户要求的质量、数量和交货期交货，包括主生产计划、物料需求计划、生产作业计划。

（1）主生产计划，通常由生产部门制订，确定每一具体产品在各具体时间内（通常以月、季计）生产的数量。

（2）物料需求计划，确定主生产计划后，生产管理部门要根据主生产计划的产品产出及各产品的物料需求制订全部物料的需求计划。它包括确定采购什么、采购多少、何时采购、在哪里采购等问题。通常由生产管理部门或物料部门制订。

（3）生产作业计划，是生产计划的具体化，是生产计划的继续，主要根据零部件的生产计划，具体规定每种零件的投入时间和完工时间，以及每台设备上零件的加工顺序。在时间上它把年度计划任务从年具体化到月、周、天、工作班的任务；在对象上，它把以产品为单位的计划，细分为组成产品的各种零部件的生产任务；在执行单位上，它把企业的任务细分为车间、工段、班组。

（五）生产计划的编制内容和步骤

（1）调查研究、搜集资料，确定目标，确定计划期内的市场需求；

（2）统筹安排，拟定初步计划方案；

（3）综合平衡分析，确定最佳方案；

（4）报请批准，确定计划、讨论、修正、批准、实施；

（5）实施计划，评价计划。

（六）生产作业计划编制方法

1. 在制品定额法

在制品定额法又称连锁计算法，是指运用在制品定额，结合在制品实际结存量的变化，按产品反工艺顺序，从产品出产的最后一个车间开始，逐个往前推算各车间的投入和出产任务。在制品定额法用在制品定额作为调节生产任务量的标准，以保证车间之间的衔接，这种编制生产作业计划的方法主要适用于大量大批生产企业。

在制品定额法的计算公式：

本月实际计划生产数=本月计划生产数+在制品定额-期初在制品预计结存量

某车间投入量计算公式：

某车间投入量=本车间的出产量+本车间计划允许废品数量+（本车间在制品定额-

本车间在制品期初预计存量）

2. 期量标准

期量标准又称作业计划标准，是指为制造对象在生产期限和生产数量方面所规定的标准数据。它是编制生产作业计划的重要依据。先进合理的期量标准是编制生产作业计划的重要依据，是保证生产的配套性、连续性、充分利用设备能力的重要条件。制定合理的期量标准，对于准确确定产品的投入和产出时间，做好生产过程各环节的衔接，缩短产品生产周期，节约企业在制品占用都有重要的作用。不同生产类型的企业有不同的期量标准，见表2-7。

表2-7 不同生产类型的企业有不同的期量标准

生产类型	期量标准
大量流水生产	节拍、标准计划、在制品占用量定额等
成批生产	批量、生产间隔期、生产周期、投入产出提前期、在制品定额等
单件小批生产	产品生产周期、提前期等
大量生产	对于产品数量大、品种变化小、专业化程度高的大量生产，期量标准包括生产节拍、标准指示图表和在制品定额等

节拍：每一产品或零部件在各道工序上投入或产出所规定的时间间隔。按节拍要求组织各工作地、流水生产线和车间的生产，就可保持各工序和产品生产的节奏性，为实现均衡生产创造条件。节拍的大小取决于计划期内生产的数量和有效工作时间。

标准指示图表：为便于组织大量生产，应对流水线的工作制度、设备数量、工人人数和工序间在制品流动情况进行统筹安排，并把它们之间的相互关系用坐标指示图表的形式固定下来，作为组织生产的依据。

在制品定额：指在一定生产技术组织条件下，为了保证各生产环节衔接所必需的、最低限度的在制品储备量。

试一试

请完成某车间作业计划示意表2-8的编制。

表2-8 某车间作业计划示意表

产品名称	某型号轿车
商品产量/台	5 000

表2-8(续)

		零件编号	D1-188	D4-088	……
装配车间		零件名称	轴	齿轮	……
		每件台数	2	8	
	1	出产量/台	10 000	40 000	
	2	废品及损耗/台		10	
	3	在制品定额/台	1 000	5 000	
	4	期初在制品预计结存量/台	600	3 500	
	5	投入量/元			

五、生产过程组织

生产过程的时间组织是指研究产品生产过程的各生产单位之间和各工序之间在时间上衔接和结合的方式。生产过程在时间上的衔接程度,主要表现在劳动对象在生产过程中的移动方式。

劳动对象的移动方式与一次投入生产的劳动对象数量有关。以加工零件为例,当一次生产的零件只有一个时,零件只能按顺序经过各道工序。当投产的零件有两个或两个以上时,工序间就有三种不同的移动方式,即顺序移动、平行移动、平行顺序移动。

(一)顺序移动

顺序移动是指一批产品或零件在上道工序全部加工完毕后才能整批的转入下道工序加工。其特点是:一道工序加工,其他工序在等待。若将各工序间的运输、等待加工等停歇时间忽略不计,则该批零件的加工周期按下列公式计算:

$$T_0 = nt_1 + nt_2 + \cdots + nt_m = \sum_{i=1}^{m} nt_i = n \sum_{i=1}^{m} t_i$$

式中:

T_0:零件在顺序移动方式下的加工周期。

n:零件批量。

t_i:零件在第 i 道工序的单件工时。

m:工序数目。

试一试

生产2件产品,经5道工序加工,每道工序加工的单件工时分别为7分钟、2分钟、8分钟、11分钟、3分钟,要求按顺序移动的方式计算其生产周期。

（二）平行移动

平行移动是指每件产品或零件在一道工序加工完毕后，立即转入下道工序进行加工。即各个零件在各道工序上平行地进行加工。在平行移动方式下，零件的加工周期最短。其加工周期的计算公式为

$$T_0 = t_1 + t_2 + \cdots + nt_L + \cdots + t_m$$
$$= t_1 + t_2 + \cdots + t_L + \cdots + t_m + (n-1)t_L$$
$$= \sum_{i=1}^{m} t_i + (n-1)t_L$$

式中，t_L 指最长的单件工时。

试一试

生产 3 件产品，经 3 道工序加工，每道工序加工的单件工时分别为 17 分钟、25 分钟、11 分钟，要求按平行移动的方式计算其生产周期。

（三）平行顺序移动

平行顺序移动是指保持一批零件在一道工序上连续加工，在相邻工序间加工时间尽量做到平行。此方式介于顺序移动方式和平行移动方式之间。

平行顺序移动方式下的加工周期，可用顺序移动方式下的加工周期减去各重合部分的时间求得。平行顺序移动方式下的零件加工周期计算公式为

$$T_{平顺} = n \sum_{i=1}^{m} t_i - (n-1) \sum_{i=1}^{m-1} t_{较短}$$

式中：

$T_{平顺}$：零件在平行顺序移动方式下的加工周期。

n：零件批量。

t_i：零件在第 i 道工序的单件工时。

m：工序数目。

$t_{较短}$：每相邻两道工序中较短的工序加工时间。

试一试

生产 5 件产品，经 2 道工序加工，每道工序加工的单件工时分别为 25 分钟、19 分钟，要求按平行顺序移动的方式计算其生产周期。

六、生产计划指标

（一）产品品种指标

产品品种指标规定了企业在计划期内出产的产品品名和品种数量，反映了企业服务的方向和企业的发展水平。确定品种指标是解决"生产什么"的决策。产品品种指标包括企业在计划期出产的产品品名、规格、型号和种类数等具体信息。

品种计划完成率＝报告期完成计划产量的品种数/报告期计划种类×100%

注意：

（1）不能以计划外品种代替计划内品种；

（2）不大于100%。

试一试

某自行车厂生产10种型号的自行车，2014年，该公司计划生产型号为1001、1002、1003、1004、1006、1007、1008、1010的自行车各100台，实际完成了1002、1003、1004、1006、1007、1008六种型号的自行车的生产任务。请计算品种计划完成率。

（二）产品质量指标

产品质量指标是指企业在计划期内各种产品质量应当达到的质量标准和水平（包括反映产品本身质量及生产过程质量的指标）。

产品质量指标通常采用综合性的质量指标，如合格品率、一等品率、优质品率、废品率、返修率等。

（三）产品产量指标

产品产量指标是指企业在计划期内应当生产的符合产品质量标准的实物数量或提高的服务数量。产量指标是解决"生产多少"的问题；产量指标反映了企业向社会提供的使用价值的数量和企业发展的水平。

产量计划完成率公式如下：

产量计划完成率＝报告期实际完成产量/报告期计划产量×100%

注意：

（1）实际完成产量需计算计划外产品产量和超计划产量；

（2）产量计划完成率可大于100%。

试一试

某自行车厂生产10种型号的自行车，2014年，该公司计划生产型号为1001、1002、1003、1004、1006、1007、1008、1010的自行车各100台，实际生产了1002、1003、1004、1006、1007、1008六种型号的自行车分别为100台、110台、90台、98台、

101 台、112 台。请计算产量计划完成率。

（四）产值指标

产值指标是指用货币表示的产量指标，它综合反映了企业在计划期内生产活动的总成果，反映了一定时期内不同企业以及同一企业不同时期的生产规模、生产水平和增长速度。

产值指标包括商品产值、总产值、净产值。

总产值是指以价值形式表示的计划期内应当完成的各种总量，包括商品产值、企业在制品、自制工具、模具等期末期初结存量差额价值、来料加工产品的原材料价值。

商品产值是以货币形式表现的，工业企业在一定时期内生产的工业最终产品或提供工业性劳务活动的总价值量。它包括企业产品中原材料的价值、对外承做的工业性劳务价值、企业产品中新创造的价值、企业产品中原材料的价值。

净产值是指企业在计划期内通过生产活动新创造的价值，是从工业总产值中扣除各种物料消耗以后的余额。

（五）出产期指标

产品出产期是为了保证按期交货确定的产品出产期限。产品出产期是确定生产进度计划的重要条件。

（六）产值对照关系

产值对照关系见表2-9。

表 2-9　产值对照关系

总产值	商品产值	净产值	外单位来料生产产品的加工价值
			对外承做的工业性劳务价值
			企业产品中新创造的价值
		企业产品中原材料的价值	
	外单位来料加工产品的原材料价值		
企业在制品、自制工具、模具等期末期初结存量差额价值			

任务实施

1. 学生以小组为单位，查看案例资料，完成案例分析任务。
2. 根据案例分析成果进行整合，形成图文形式汇报。

任务评价

完成任务评价表，见表2-10。

表2-10　任务评价

项目	评价标准	分值	自我评分	小组评分	教师评分
专业能力 50分	生产运作与生产运作管理基本概念	5分			
	生产计划编制	15分			
	生产作业计划编制	15分			
	生产能力及生产计划指标分析	15分			
方法能力 20分	获取信息能力	5分			
	解决问题能力	5分			
	独立工作能力	10分			
社会能力 20分	团结协作能力、人际交往能力、职业适应能力、语言表达能力、规范行为能力等社会能力	20分			
思政感悟 10分	了解现代物流科学决策和管理方式，对中国物流现状充满信心，树立服务现代化物流新格局的社会责任感	10分			
综合得分		100分			
评语 （请完成评价后进行评语撰写，可以就课堂表现中的优缺点、掌握的知识与技能、方法能力与社会能力等情况进行评价）					

知识检测

一、判断题

1. 节拍是大量生产类型企业编制生产作业计划的重要依据。　　　　　（　　）

2. 生产型企业在进行生产能力核算时，应首先计算企业的生产能力。　（　　）

3. 计算企业生产能力时，生产面积的有效利用时间，一般不存在停工修理时间。

（　　）

4. 计算企业生产能力时，设备的数量应包括正在运转的和正在检修、安装或准备检修的设备，也包括因暂时没有任务而停用的设备，以及已报废的、不配套的、封存待调的设备和企业备用的设备。　　　　　　　　　　　　　　　　　　（　　）

5. 生产计划把企业的年度、季度生产计划具体规定为各个车间、工段、班组、每个工作地和个人的以月、周、班以至小时计的计划。　　　　　　　　　　（　　）

6. 备货型生产产品特点：通用性强、标准化程度高、有广泛用户。　（　　）

7. 与订货型生产相比，备货型生产可以减少产品库存量甚至实现"零库存"。（　　）

8. 顺序移动方式劳动过程中中断时间比顺序移动方式的少，零件生产周期较短。

（　　）

9. 加工装配型生产生产过程中的协作与协调少，对设备的可靠性要求高。　（　　）

10. 长期生产计划是指时间在一年以上的生产能力计划。　　　　　　（　　）

二、计算题

1. A 公司生产 8 种型号的电脑，2021 年，该公司计划生产型号为 B1、B2、B3、B4、B6、B7、B8、B9 的电脑各 1 000 台，实际完成了 B2、B3、B4、B6、B7、B8 六种型号的电脑的生产任务。请计算品种计划完成率。

2. 甲公司的某条装配流水线生产电子零配件。已知有效工作时间为每日 10 小时，节拍为 5 分钟，则该装配流水线每日的生产能力是多少件？

3. 某自行车厂生产作业计划如表 2-11 所示，请根据已知表格信息计算各零件的投入量。

表 2-11　某自行车厂生产作业计划

产品名称			24 型号自行车		
商品产量/台			1 000		
零件编号			A-111	B-121	……
零件名称			把手	车架	……
每件台数			2	1	
装配车间	1	出产量/台	2 000	1 000	
	2	废品及损耗/台	10		
	3	在制品定额/台	200	100	
	4	期初在制品预计结存量/台	50	600	
	5	投入量/元			

4. 产品的需求量随季节不同而变化，现某公司准备编制 1~6 月的生产计划。1~6 月的需求预测及每月工作天数见表 2-12，其他数据如下：产品的材料费用为 200 元/台，库存保管费为 3 元/台·月，缺货损失为 25 元/台·月，如果想把产品转包一些出去，则转包费用为 30 元/台，招聘并培训一个工人的费用为 500 元/人，解聘一个工人的费用为 500 元/人，该产品的加工时间为 8 小时/台，正常工作时间内的工时费用为 25 元/小时，加班时间内的工时费用为 35 元/小时，工人每天工作 8 小时，生产开始时的期初库存量为 400 台，另外，由于预测的不确定性，另考虑有 15% 的安全库存。

表 2-12　1~6 月的需求预测与工作天数

月份	需求预测/台	每月工作天数/天
1	1 800	20
2	800	12
3	1 500	24
4	1 600	24
5	2 000	20
6	1 600	24

请制订表 2-13 "综合生产计划" 和表 2-14 "主生产计划"。

表 2-13　综合生产计划

月份	（1）期初库存/台	（2）需求预测/台	（3）安全库存/台 0.25×（2）	计划产量/台 （2）+（3）-（1）	（5）期末库存/台 （1）+（4）-（2）
1	400				
2	450				
3	375				
4	275				
5	225				
6	275				
合计					

表 2-14　主生产计划

月份	（1）计划产量/台	（2）每月生产时间 （1）×5	（3）每人每月工时	（4）所需人数 （2）/（3）
1				
2				
3				
4				
5				
6				
合计				

注：每个月的头产量等于初步生产计划中安排的出产数量，仅改变工人人数及按制度工作时间生产。

任务 2　物料需求计划的制订

学习目标

1. 知识目标

■ 了解独立需求和相关需求的概念。

■ 熟悉物料需求计划 MRP 的系统结构和运算原理。

■ 熟悉物料清单 BOM 的制订方法。

2. 能力目标

■ 能够对产品结构进行准确分析。

■ 能够运用 MRP 运算原理对物料需求进行科学预测。

3. 素养目标

■ 能够掌握理论与实践相结合的学习方法。

■ 能够提升分析能力、表达能力、文字处理能力及团队合作能力。

■ 能够提升库存管理能力及物流职业能力。

■ 形成严谨认真的工作意识。

4. 思政目标

■ 了解现代物流科学决策和管理方式，对中国物流现状充满信心。

■ 树立服务现代化物流新格局的社会责任感。

建议学时

4 课时

学习课件

任务描述

新科公司主营电脑的生产制造。该公司假设在 2021 年第一季度第 9 周计划生产 5 000 件 A 产品，产品结构如图 2-2 所示。图中 LT 为零部件提前期，设当前库存和计划入库均为零，试确定每个部件的毛需求量、计划订单下达量及下达时间（请写出计算过程并将相应计算数据填入表 2-15）。

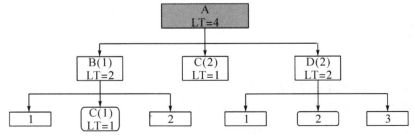

图 2-2　产品结构

表 2-15　第 9 周产出 5 000 件 A 产品的矩阵

	提前期/周	1	2	3	4	5	6	7	8	9
A	毛需求量/件									
	计划订单下达量/件									
	提前期/周	1	2	3	4	5	6	7	8	9
B	毛需求量/件									
	计划订单下达量/件									
	提前期/周	1	2	3	4	5	6	7	8	9
C	毛需求量/件									
	计划订单下达量/件									
	提前期/周	1	2	3	4	5	6	7	8	9
D	毛需求量/件									
	计划订单下达量/件									

任务分析

一、独立需求和相关需求

（一）独立需求

独立需求是指一种物料的需求与其他物料的需求无关，如工厂的最终产品就是独立需求，因为它并非工厂其他产品的零部件，通常直接来自市场预测或客户订单。

（二）相关需求

相关需求是指一种物料的需求与其他需求具有内在的相关性，这种相关性表现在空间、时间、数量三个方面上。构成最终产品的零部件和原材料是相关需求，企业可以根据对最终产品的需求精确地算出这些零部件和原材料的需求量和需求时间。

想一想

某自行车厂计划 6 月生产型号为 B01 的自行车 100 台，每台自行车由一个车架、两个把手、两个轮胎、一个车座组成。请思考：在这个案例中，独立需求与相关需求各是什么？

二、订货点法

订货点法采用控制库存物品数量的方法，为需求的每种物料设置一个最大库存量和安全库存量。即当库存降到订货点时，就按既定的批量再订购（生产）一批。

三、物料需求计划 MRP

（一）物料需求计划的概念

物料需求计划（material requirement planning，MRP）是指根据产品结构各层次物品的从属和数量关系，以每个物品为计划对象，以完工时期为时间基准倒排计划，按提前期长短区别各个物品下达计划时间的先后顺序，是一种工业制造企业内物资计划管理模式。

MRP 是根据市场需求预测和顾客订单制订产品的生产计划，然后基于产品生成进度计划，组成产品的材料结构表和库存状况，通过计算机计算所需物料的需求量和需求时间，从而确定材料的加工进度和订货日程的一种实用技术。

（二）物料需求计划的基本原理

MRP 根据主生产计划的需求，输入库存记录及产品结构，根据物料清单、现有库存量及预计库存量，由计算机进行物料需求计算，输出零部件的生产计划、原材料及外购件的采购计划及辅助报告等。

MRP 将最终产品的计划转换成零部件、原材料的生产订购计划，在需要的时候提供需要的数量，避免库存积压。

（三）MRP 系统结构示意图

MRP 系统结构示意图见图 2-3。

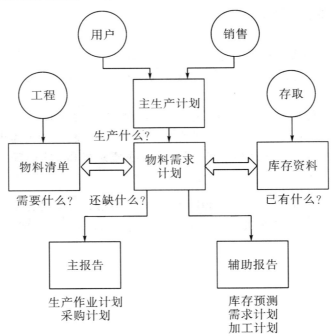

图 2-3　MRP 系统结构示意

（四）MRP 计算流程

1. MRP 的输入

MRP 的输入包括主生产计划、物料清单、提前期、订货方针、库存记录等。

物料清单（bill of materials，BOM）是描述企业产品组成的技术文件。在加工资本式行业，它表明了产品的总装件、分装件、组件、部件、零件、直到原材料之间的结构关系，以及所需的数量。

试一试

请参考图 2-2 产品结构图绘制自行车的产品结构图，并填制物料清单（见表 2-16）。

表 2-16　物料清单

层次	物料号	物料名称	单位	数量

2. 提前期

提前期是某一工作的工作时间周期，即从工作开始到工作结束的时间。

3. 时间坐标上的物料清单

时间坐标上的物料清单是以产品的应完工日期为起点倒排计划，可相应地求出各个零部件最晚应该开始加工日期或采购订单发出时间（见图 2-4）。

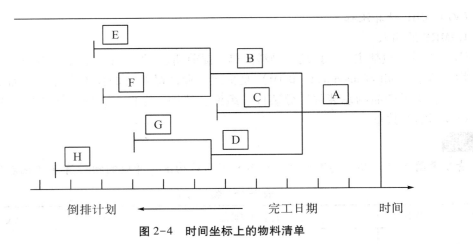

图 2-4　时间坐标上的物料清单

4. 库存记录

库存记录是指仓库里存放或库存台账中记录的所有产成品、半成品及零部件、包装物等每个库存项目的存放位置及其在各个时段的状态、数量的记录文件。

试一试

以下是零件 A 的库存账务维护文件，请确定计划订货时间及计划订货量，填写表 2-17。

表 2-17　零件 A 的库存账务维护文件　　　　　　　单位：件

	周次	1	2	3	4	5	6	7	8	9
零件 A	总需求量					300	450			500
	预计到货量			100						
	库存量	10	10			0	0	0	0	0
	净需求量									
	计划收货量									
	计划订货量									

5. MRP 基本构成要素间的相互关系（见图 2-5）

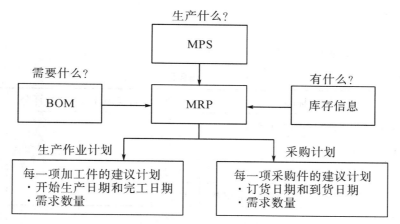

图 2-5　MRP 基本构成要素间相互关系

6. MRP 的输出（见图 2-6）

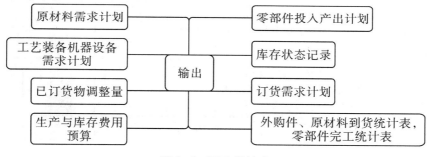

图 2-6　MRP 的输出

任务实施

1. 查看背景资料，分析成品结构、库存信息、订货信息并根据信息数据计算每个部件的毛需求量、计划订单下达量及下达时间（请写出计算过程并制作相对应的表格）。

2. 任务成果包括计算过程展示及表格成果展示。

任务评价

完成任务评价表，见表2-18。

表2-18　任务评价

项目	评价标准	分值	自我评分	小组评分	教师评分
专业能力 50分	独立需求与相关需求的基本概念	5分			
	物料需求计划的基本概念	15分			
	填制物料清单	15分			
	运用 MRP 运算原理完成物料需求预测	15分			
方法能力 20分	获取信息能力	5分			
	解决问题能力	5分			
	独立工作能力	10分			
社会能力 20分	团结协作能力、人际交往能力、职业适应能力、语言表达能力、规范行为能力等社会能力	20分			
思政感悟 10分	了解现代物流科学决策和管理方式，对中国物流现状充满信心，树立服务现代化物流新格局的社会责任感	10分			
综合得分		100分			
评语 （请完成评价后进行评语撰写，可以就课堂表现中的优缺点、掌握的知识与技能、方法能力与社会能力等情况进行评价）					

知识检测

一、判断题

1. 物料需求计划计算的是独立需求计划和相关需求计划。　　　　　　　（　　）

2. MRP 是根据市场需求预测和顾客订单制定产品的生产计划，然后基于产品生成进度计划，组成产品的材料结构表和库存状况，通过计算机计算所需物料的需求量和需求时间，从而确定材料的加工进度和订货日程的一种实用技术。　　　　　（　　）

3. 物料需求计划是按照过去的库存经验来预测未来的物料需求的方法。　（　　）

4. 物料清单指明在某一计划时间段内应生产出的各种产品和备件。　　　（　　）

5. 提前期决定着每种物料何时开工、何时完工。 （   ）

6. 库存记录将物料品目的现有库存量和计划接受量的实际状态反映出来。 （   ）

7. 每种物料的净需求量根据毛需求量、可用库存量、已分配量等计算得出。 （   ）

8. 物料需求信息由"需要什么""何时需要""需要多少""何时订货"四个要素组成。
（   ）

9. 当一个库存项目的需求不依赖于其他库存项目的需求时，称为相关需求。 （   ）

10. 订货点指某种物资已到订货时间。 （   ）

二、案例分析

1. 某工厂需要采购零件 B，已知零件 B 第 3 周、第 6 周、第 7 周各需要零件 200 件、300 件、400 件，现有库存量 10 件，预计第 2 周库存量会达到 100 件，零件 B 提前期为 1 周，且第 3 周、第 6 周、第 7 周计划收货量与净需求量相等。请根据资料填制零件 B 的库存账务维护文件，并确定计划订货时间及计划订货量，完成表 2-19 的填写。

表 2-19　零件 B 的库存账务维护文件　　　　　　　单位：件

	周次	1	2	3	4	5	6	7
零件 B	总需求量							
	预计到货量							
	库存量							
	净需求量							
	计划收货量							
	计划订货量							

2. 一家生产电动平衡车的企业期望在第一周交货 100 辆，第四周交货 200 辆，第六周交货 200 辆，第八周交货 180 辆。每辆平衡车需要 2 个车轮。在第一周开始时订货量、提前期和现有库存见表 2-20，产品结构图见图 2-7，请完成表 2-21、表 2-22 的填写。

表 2-20　企业零件库存信息

零件	订货量（期初计划入库量）/辆	提前期/周	现有库存/辆
车轮	200	2	100

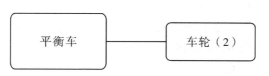

图 2-7　产品结构

表 2-21　主生产计划（平衡车）

周次	1	2	3	4	5	6	7	8
数量/辆								

表 2-22　主生产计划（车轮）　　　　　　　　　　　　单位：个

产品	项目/周次	1	2	3	4	5	6	7	8
类型编号：车轮	毛需求	80			120		120		100
层级：1	计划收获		300						
现有库存：100	现有/可利用库存								
批量：200	净需求								
提前期（周）：2	计划订单到达								
安全库存：0	计划订单下达								

任务 3　物料仓库选址与规划

学习目标

1. 知识目标

　■熟悉仓库的类型和功能。

　■了解仓库选址的原则、流程与影响因素。

　■熟悉仓库选址的技术方法。

　■熟悉仓库布局原则。

2. 能力目标

　■能够完成仓库选址决策。

　■能够完成仓库布局设计与规划。

3. 素养目标

　■能够掌握理论与实践相结合的学习方法。

　■能够提升分析能力、表达能力、文字处理能力及团队合作能力。

　■能够提升库存管理能力及物流职业能力。

　■形成严谨认真的工作意识。

4. 思政目标

　■了解现代物流科学决策和管理方式，对中国物流现状充满信心。

　■树立服务现代化物流新格局的社会责任感。

建议学时

4 课时

学习课件

任务描述

新科公司是一家针对中国消费者的电脑产品设计生产制造公司。该公司在广东东莞拥有电脑生产基地，进行产品设计、制造、物流、销售。因公司业务拓展，拟新建产品配送中心，选址参考的影响因素如表 2-23 所示。该配送中心计划设置一个长 80 米、宽 50 米、高 8 米，地坪承载重量 200 千克/平方米，建筑面积 4 000 平方米的库房用于储存电脑产品。

请分析：

1. 该公司在选址决策过程中，主要考虑的因素如表 2-23 所列，按照经济因素和非经济因素进行分类。

2. 除了表 2-23 所列的因素，企业在配送中心选址调研时，还应考虑哪些因素，请补充说明。

3. 选址影响因素重要性分配图如图 2-8 所示。请根据案例数据用因素评分法为该公司设计配送中心选址方案。

4. 新配送中心主要负责 A、B、C、D、E 5 个经销商的成品配送，每周运输量如表 2-24 所示。请根据表 2-24 的数据用重心选址法为该公司设计配送中心选址方案。

5. 请对库房进行布局规划。

表 2-23　选址影响因素调研结果

	劳动条件	地理条件	气候条件	资源供应	基础设施	产品销售	生活条件	环境保护	政治文化
方案 A 得分	2	1	3	9	5	9	1	2	3
方案 B 得分	5	5	3	7	5	6	2	3	2

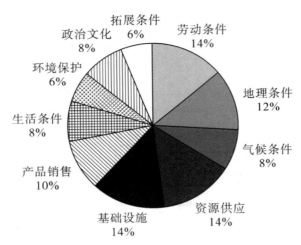

图 2-8　选址影响因素重要性分配

表 2-24　经销商每周运输需求量统计

	A	B	C	D	E
周运输量/件	600	950	1 560	300	1 400

任务分析

一、仓库的定义、类型和功能

（一）仓库的定义

仓库是保管、储存物品的建筑物及场所，由储存物品（原材料、半成品、产成品、零部件、设备、工具等）的库房、运输传送设施、出入库房的输送管道和设备以及消防设施、管理用房等组成。

（二）仓库的类型

（1）按使用范围分类，仓库可以分为自用仓库、营业仓库、公用仓库、出口监管仓库和保税仓库。

自用仓库是生产企业及流通企业为满足企业自身生产经营需要而修建的附属仓库。自用仓库百分之百用于储存本企业生产经营需要的原材料、燃料、产成品等货物或物品。

营业仓库是企业经营储运业务而专门建造的仓库。

公用仓库是由国家或行业主管部门修建的，为满足社会服务需要而建造的仓库，包括机场、港口、码头、铁路的货场等。

出口监管仓库是由海关批准和监管，存储获得了出口货物许可证且已对外买断结汇，并在海关完成所有出口海关手续的货物的专用仓库。

保税仓库是由海关批准和监管，专门存储未办理关税手续而入境或过境货物的仓库。

（2）按仓库保管条件分类，可以分为普通仓库，保温、冷藏、恒湿恒温仓库，特种仓库，气调仓库。

普通仓库，即存储无特殊保管要求的物品的仓库。

保温、冷藏、恒湿恒温仓库，即存储有保温、冷藏或恒湿恒温要求的物品的仓库。

特种仓库，即存储易燃、易爆、有毒、有腐蚀性或有辐射性的物品的仓库。

气调仓库，即存储有要求控制库内氧气和二氧化碳浓度要求的物品的仓库。

（3）按仓库建筑结构分类，可以分为封闭式仓库、半封闭式仓库和露天式仓库。

封闭式仓库，又称为库房。其具有结构封闭性强、便于物品维护保养的特点，适合存储保管条件要求较高的物品。

半封闭式仓库又称为货棚，特点是出入库作业便捷、建造成本低，适合存储出入频繁且对温湿度要求不高的物品。

露天式仓库又称为货场，特点是装卸作业简便，适合存储大型货物。

（4）按库内形态分类，可以分为地面型仓库、货架型仓库和自动化立体仓库。

地面型仓库，通常为单层地面库。

货架型仓库，即采用多层货架保管的仓库。

自动化立体仓库，即采用堆垛机等设备进行机械化、自动化作业的高层货架仓库，运用运送机械完成存取及出入库作业。

（5）按建筑物结构类型分类，可以分为平房仓库、楼房仓库、高层货架仓库、罐式仓库和简易仓库。

平房仓库，特点是构造简单、建筑费用便宜、人工操作简便。

楼房仓库，通常是两层楼以上，优点是更好利用占地面积，但需采用机械化或半机械化设备进出库作业。

高层货架仓库，需要使用电子计算机完成作业，具有机械化和自动化操作的特点。

罐式仓库，呈球形或柱形，主要是用来储存石油、天然气和液体化工品等物品。

简易仓库，特点是构造简单、造价低廉，一般是临时代用仓库，在仓库不足而又不能及时建库的情况下建造，包括一些固定或活动的简易货棚等。

（6）按保管物品种类的多少分类，可以分为专业库和综合库。

专业库，即用于存储专门一种或某一大类物品的仓库。

综合库，即用于存储多种属性和类型物品的仓库。

（三）仓库的功能

（1）仓储和保管功能，这是仓库最基本的功能。

（2）配送和加工功能，包括在流通过程中对货物进行分袋、捆装、流通加工等作业。

（3）调节货物运输能力的功能。其体现在：

①不同运输方式在进行转换时，运输方式之前运输能力的调节是通过仓库来进行的。

②在集装箱门到门运输时，货物在完成集装箱的拆箱和装箱作业大部分在仓库中完成。

（4）信息传递功能。在实现仓储和保管功能、配送和加工功能、调节货物运输能力的功能时，货物出入库发生的检查、核对、记录，都是信息传递功能的体现。

二、仓库规划流程与原则、影响因素

（一）仓库规划流程

仓库规划包括选址、定位和库场规划设计。仓库规划流程如图 2-9 所示。

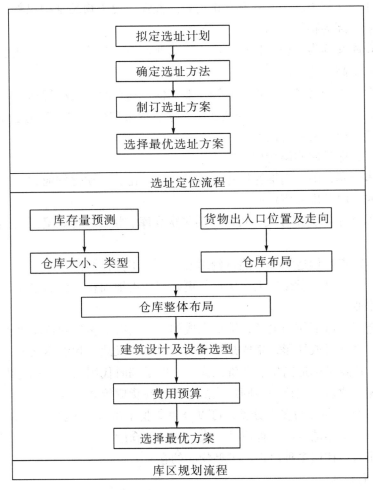

图 2-9　仓库规划流程

（二）仓库规划原则

（1）流动性原则，即在设计过程中关注物流、信息流、资金流、商流和人流。其具体包括：物流的顺畅、信息流的畅通安全，资金流的有效、方便、安全，商流的高效、舒适及人流的合理与安全。

（2）整体化原则又称系统化原则，仓库规划是一个整体系统优化的工程。

（3）经济性原则。仓库规划是企业的一项经济性行为，应考虑经济因素，包括建造成本、运营成本等。

（4）合理性原则。仓库规划的合理性原则包括注重仓库内部规划布局的合理性，以及与外部环境的协调发展的合理性。

（三）仓库选址的影响因素

仓库选址需要考虑的因素涉及许多方面，不同类型的企业及不同类型的仓库所需要考虑的因素也不一样。仓库选址考虑的因素主要分为以下三类：

（1）政治因素，主要包括法律法规、政策制度等。

（2）经济因素，主要包括货物流量、货物流向、物流交通等。

（3）自然环境因素，主要包括地理因素与气候因素。

三、仓库选址决策方法

（一）仓库选址的步骤

仓库选址首先考虑对仓库所在国家、地区和具体地理位置的选择上。随着经济全球化的发展，选择国家时，应考虑该国政府的政策及其稳定性、该国的文化经济特点、该国在全球市场中的位置及重要程度、该国劳动力情况、该国的生产能力、供应能力和通信技术水平、该国的税收和汇率等情况。选择地区时，应考虑企业目标、该地区的文化经济特点、税收政策、环境气候等因素，并关注劳动力供应及其成本、公用设施的供应及其成本、土地及建筑成本、环境管理措施。在选择仓库地址的具体位置时，应考虑场所的大小和成本、场所附近的运输系统、环境及劳动力情况。仓库选址的步骤如图 2-10 所示。

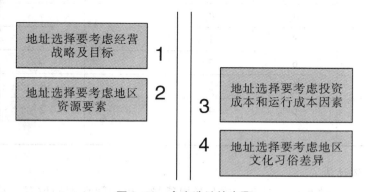

图 2-10　仓库选址的步骤

（二）因素评分法

因素评分法的决策原理是以简单易懂的模式将各种不同因素综合起来进行评分的方法。

因素评分法的具体实施步骤：

（1）决定一组相关的选址决策因素；

（2）对每一组因素赋予一个权重以反映这个因素在所有权重中的重要性，每一因素的分值根据权重来确定；

（3）对所有因素的打分设定一个共同的取值范围，是 1~10 或 1~100；

（4）对于每一个备选地址，对所有因素设定范围打分；

（5）用各个因素的评分与相应的权重相乘，并把所有因素的加权值相加，得到每一个备选地址的最终得分；

（6）选择具有最高总得分的地址作为最佳的选址。

试一试

某厂有 2 个候选厂址 A、B，其中影响因素如表 2-25，求解最优方案。

表 2-25　候选厂址影响因素

影响因素	权重	方案 A		方案 B	
		评分	得分	评分	得分
劳动条件	14	2		4	
地理条件	12	4		2	
气候条件	8	3		3	
资源供应	14	4		2	
基础设施	14	1		3	
产品销售	10	4		3	
生活条件	8	1		2	
环境保护	6	2		4	
政治文化	8	3		3	
拓展条件	6	4		2	
合计					

（三）重心选址法

重心选址法的决策原理是根据坐标及其出货量求出中间仓库的位置。重心选址法的具体实施步骤：

（1）确定备选方案的坐标位置；

（2）用坐标的横纵坐标值计算运输成本最低的坐标位置。

重心选址法的计算公式：

设配送中心的中心坐标位置为 (C_x, C_y)，则有：

$$C_x = \sum_{i=1} D_{ix}Q_i \Big/ \sum_{i=1} Q_i$$

$$C_y = \sum_{i=1} D_{iy}Q_i \Big/ \sum_{i=1} Q_i$$

式中：

C_x：中心的 x 坐标。

C_y：中心的 y 坐标。

D_{ix}：第 i 个地点的 x 坐标。

D_{iy}：第 i 个地点的 y 坐标。

Q_i：运到第 i 各地点或从第 i 个地点运出的货物量。

试一试

一家处理危险垃圾的公司打算降低其垃圾从五个接收地运至处理中心所耗的运输费用，已知接收站的地点及日装运量如表 2-26 所示，求处理中心的坐标位置。

表 2-26　接收站地点及日装运量

	A	B	C	D	E
接收站 (x, y)	(10, 5)	(4, 1)	(4, 7)	(2, 6)	(8, 7)
日运输量/吨	26	9	25	30	40

四、仓库布局设计与规划

仓库布局设计与规划是指在充分利用现有仓库内部空间的情况下，根据储存物资特点、公司财务状况、市场竞争环境以及顾客需求特点对仓库的数量、规模、仓库设施、仓库设备和通道走向等各要素进行的科学规划和总体设计。

（一）仓库布局的要求

合理的仓库布局需满足的要求包括：提高仓库产出率、仓库成本费用最低、仓库位置应便于货物出入库、仓库位置应便于货物装卸和提取、提高仓库内货物的流动速度、库内区域划分明确且布局合理、集装箱货物仓库和零担仓库应尽可能分开设置、仓库内货物应分区存放（按发送、中转及到达货物）、仓库内分线设置货位、缩短货物在仓库内的搬运距离、避免迂回运输、最大限度地利用空间、提高装卸机械的装卸效率、仓库内配置安全及消防设施、实现安全生产避免事故发生。此外，仓库货门的设置一方面要考虑集装箱和货车集中到达时同时进行装卸作业的要求，另一方面要考虑由于增设货门而造成的堆存面积的损失。

（二）仓库布局的原则

（1）提高资产利用率，包括尽可能地采用性价比高的仓储设备、尽量提高空间利用率，包括仓储作业区域的使用率、充分利用仓库的高度，尽量使用高层货架或托盘等，以提高仓库内货物储存量及增加可使用的仓储空间。

（2）实现批量操作，包括尽量配置高效的物料搬运设备并优化操作流程，尽量实现大批量作业。

（3）加强拣货区管理，主要指使需要快速移动的货品尽量靠近拣货区，以便减少货品的搬运次数。

（4）提高运作效率，主要指保持货物在出入库时进行单向或直线运动，避免逆向操作、变向操作和迂回操作。

（三）仓库布局设计

仓库布局设计指根据仓库库区的场地条件、仓库的业务性质、仓库的规模、仓库主要货物的储存要求及技术设备设施的性能和使用特点等因素，对仓库的建筑物、货场、站台等设施和仓库库区内运输线路进行合理安排和配置，以最大限度地提高仓库的储存能力和作业能力，并降低仓储作业成本与费用。

仓库布局设计是否合理会直接影响库存作业效率和物资安全。仓库布局设计的主要任务为合理地利用库房面积完成仓库总平面布局、仓库作业区布局和库房内部布局设计。

（1）仓库总平面布局，包括库区划分、建筑物位置确定、构筑物平面位置确定、运输线路设计、库区安全防护、环境保护等。在仓库总平面布局设计与规划时，应做到方便仓库作业和保障商品储存安全、最大限度地利用仓库面积、防止重复搬运、避免迂回运输、方便设施设备使用、符合安全消防要求并具有前瞻性。

（2）仓库作业区布局，主要是以库房为中心，对各作业区加以合理布局，使各项库内作业路线最短，以达到库内货物的运输距离缩短及道路占用面积减少、作业费用降低、仓库面积的利用率提高的目的。

（3）库房内部布局，主要是提高库内作业的灵活性及库内空间的利用率。

任务实施

1. 请根据背景资料，为新科公司完成选址决策分析，设计配送中心选址方案及仓库布局规划。

2. 请以小组为单位，合作完成任务，每组派1~2名同学完成任务成果展示。

3. 任务成果以电子版提交，格式不限。

任务评价

完成任务评价表，见表2-27。

表2-27　任务评价

项目	评价标准	分值	自我评分	小组评分	教师评分
专业能力 50分	仓库的基本概念	5分			
	仓库规划原则与选址原因分析	15分			
	仓库选址决策	15分			
	仓库布局规划	15分			
方法能力 20分	获取信息能力	5分			
	解决问题能力	5分			
	独立工作能力	10分			
社会能力 20分	团结协作能力、人际交往能力、职业适应能力、语言表达能力、规范行为能力等社会能力	20分			
思政感悟 10分	了解现代物流科学决策和管理方式，对中国物流现状充满信心，树立服务现代化物流新格局的社会责任感	10分			
综合得分		100分			
评语（请完成评价后进行评语撰写，可以就课堂表现中的优缺点、掌握的知识与技能、方法能力与社会能力等情况进行评价）					

知识检测

一、判断题

1. 冰淇淋应存放在恒湿恒温仓库。　　　　　　　　　　　　　　　（　　）

2. 地面型仓库，通常采用多层货架保管。　　　　　　　　　　　　（　　）

3. 出口监管仓库是经海关批准和监管，专门存储未办理关税手续而入境或过境货物的仓库。　　　　　　　　　　　　　　　　　　　　　　　　　　（　　）

4. 简易仓库主要是用来储存液体化工品。　　　　　　　　　　　　（　　）

5. 仓库布局应尽可能地采用性价比低的仓储设备。　　　　　　　　（　　）

6. 仓库布局应保持货物在出入库时进行单向运动。　　　　　　　（　　）

7. 选址决策时考虑的自然因素包括产品销售。　　　　　　　　　（　　）

8. 重心选址法的决策原理是根据坐标位置求出中间仓库的位置。　（　　）

9. 仓库布局规划与仓库运输线路设计是相互独立的两项工作。　　（　　）

10. 综合库，即用于存储专门一种或某一大类物品的仓库。　　　　（　　）

二、案例分析

1. 某厂有 2 个候选厂址 A、B、C，其中影响因素如下表，请对表 2-28 中的因素进行分类，并求解最优方案。

表 2-28　候选厂址影响因素

影响因素	权重	方案 A		方案 B		方案 C	
		评分	得分	评分	得分	评分	得分
劳动条件	1.5	3		2		3	
地理条件	2	2		2		2	
气候条件	0.8	2		3		1	
资源供应	1.2	4		2		3	
基础设施	1.3	4		3		4	
产品销售	1.4	3		3		2	
环境保护	1.1	2		3		3	
政治文化	0.7	2		2		2	
合计							

分类结果	选址决策影响因素
经济类	
非经济类	

2. 某厂每年需要从 P1 地运来钢材，从 P2 地运来铁，从 P3 地运来焦炭，从 P4 地运来各种造型材料。经调查分析，今后较长时期内市场对该厂的需求量将呈上升趋势，为此该厂拟在原料厂附近区建一分厂，以降低成本。已知各地到拟建分厂的城市中心的距离及每年材料装运量如表 2-29 所示。要求：

（1）求处理中心的坐标位置；

（2）说明影响选址决策的因素还包括哪些？

表2-29　各地到拟建分厂的距离及年材料装运量

原材料供应地及其坐标	P1		P2		P3		P4	
	X1	Y1	X2	Y2	X3	Y3	X4	Y4
距城市中心的坐标距离/千米	20	70	60	60	20	20	50	20
年运输量/吨	2 000		1 200		1 000		2 500	

任务4　物料存储作业管理

学习目标

1. 知识目标

- ■ 熟悉仓库设施设备。
- ■ 熟悉入库作业流程。
- ■ 熟悉仓库理货与拣货作业。
- ■ 熟悉出库作业流程。

2. 能力目标

- ■ 能够选择合适的仓储设施设备辅助物料存储作业。
- ■ 能够完成物料存储作业规划。

3. 素养目标

- ■ 能够掌握理论与实践相结合的学习方法。
- ■ 能够提升分析能力、表达能力、文字处理能力及团队合作能力。
- ■ 能够提升库存管理能力及物流职业能力。
- ■ 形成严谨认真的工作意识。

4. 思政目标

- ■ 了解现代物流科学决策和管理方式，对中国物流现状充满信心。
- ■ 树立服务现代化物流新格局的社会责任感。

建议学时

4课时

学习课件

任务描述

新科公司是一家针对中国消费者的电脑产品设计生产制造公司。该公司新建一个长80米、宽50米、高8米，地坪承载重量200千克/平方米，建筑面积4 000平方米的库房，专门用于储存本公司的电脑产品。

请分析：

1. 请对项目二任务3所设计库房完成仓储设施设备配置。

2. 请为该公司的新仓库设计仓储作业流程，包括入库作业、理货作业、堆存作业、保管作业、出库作业。

任务分析

一、仓库的设施设备

（一）仓储设施

1. 定义

仓储设施包括仓库的主体建筑、辅助建筑和附属设施等用于仓储的库场建筑物。

2. 仓库主体建筑

仓库的主体建筑包括库房、货棚和货场。其中，库房是仓库中用于存储货物的主要建筑，多为封闭建筑；货棚是一种半封闭式建筑的简易仓库，用于存放对自然环境要求不高的货物；露天货场则是开放式建筑，用于存放不怕雨淋、风吹的货物。

3. 辅助建筑

仓库的辅助建筑通常指办公室、车库、修理间、休息间、工具储存间等。

仓库的辅助建筑一般设在生活区，并与存货区保持一定的安全间隔。在布置办公室、车库时，应注意：办公室可建在仓库大门附近，但办公室与库房和货场的距离应大于20米以保障安全；车库面积根据预计停放车型和停车数量来确定，每个车位一般可取4米×9米。

4. 辅助建筑

辅助建筑主要有通风设施、照明设施、取暖设施、提升设施（电梯等）、地磅（车辆衡、轨道衡）及避雷设施等。

（二）仓储设备

1. 定义

仓储设备是指仓储业务中所使用的技术装置和机具，分为装卸搬运设备和保管设备。

2. 货架

货架通常指存放货物的架子。在仓库设备中，货架是指用支架、隔板或托架组成的立体储存货物的设施，在物流及仓库中占有非常重要的地位。货架的架式结构能更充分地利用仓库空间，达到提高库容利用率、扩大仓库储存能力的目的。通过把货物存放在货架中，一方面可防止货物挤压，降低物资损耗，更好地保障货物的完整性，减少货物的损失；另一方面有利于货物的存取、清点及计量，并实现先进先出。而新型货架的结构及功能有利于实现仓库的机械化及自动化管理。

货架的类型众多，包括层架、托盘式货架、阁楼式货架、移动式货架、重力式货架、悬臂式货架等。

层架结构简单，由立柱、横梁、层板构成，层间用于存放货物适用性强，有利于提高空间的利用率，方便作业存取，层架的应用非常广泛，是人工作业仓库主要的存储设备。

托盘式货架基本形态与层架类似，承载能力和每层空间适于存放整托盘货物。托盘货架结构简单，安装简易，方便调整组合，性价比高，且出入库不受先后顺序的限制，通常配合升降式叉车存取。

阁楼式货架是将储存空间规划设置为上、下两层，可增加储存空间的使用率，但存取作业效率较低。

移动式货架是指底部装有滚轮，通过开启控制装置，滚轮可沿道轨滑动的货架，既可将货架结构设计成普通层架，也可设计成托盘货架。可通过移动式货架的控制装置中的变频控制功能来控制驱动、停止时的速度，维持货架上货物的稳定。移动式货架的建造成本和维护成本较高。

重力式货架，其基本结构与普通层架类似，不同点为重力式货架点层间间隔由重力滚轮或滚筒输送装置组成，并且与水平面成一定的倾斜角度，高处是入货端，低处是出货端。在重力作用下托盘或箱装货物自动向低端滑移，还可以在滚轮下埋设充气软管控制倾斜角度，以调整货物滑移的速度。重力式货架可大规模密集存放货物（属于密集型配置设备），大大减少了通道数量、有效节约仓库面积，并实现货物的先进先出。此外，重力式货架方便拣货、作业效率安全性高。

悬臂式货架是在立柱上装设杆臂构成，常用金属材料制造，尺寸通常根据所存货物的大小确定。悬臂式货架常在悬臂上加垫木质衬垫或橡胶带，以防止物料损伤，起保护作用。悬臂式货架为开放式货架，不利于机械化作业，需配合采用砖、石块和水泥砌成，支点基础是在墙柱下形成柱形基。

3. 地坪

地坪是用于承受堆存的货物，要求是坚固、耐久、有承载能力及平坦，可供车辆顺畅便捷通行。

4. 库门

库门的尺寸设计应根据本仓库进出的运输工具及其携带货物时的外形尺寸确定。通常情况下，对于较长的仓库，每隔 20～30 米应在其两侧设置库门，如仓库与火车装卸线对应，则库门的间距为 14 米。

5. 驶入、驶出式货架

驶入、驶出式货架是高密度配置设备，高度可达 10 米，库容利用率可以高达 90% 以上，适用于大批量、少品种的仓库及配送中心使用，但不适合太长或太重物品。驶入式货架存取货遵循先后顺序。

6. 叉车

叉车又称叉车装卸车，是仓库中应用最广泛的一种装卸搬运机械。它由自行的轮胎底盘和能垂直升降、前后倾斜的货叉、门架等组成，主要用于仓库内货物的装载搬运，是一种既可做短距离水平运输，又可堆拆垛和装卸卡车、铁路平板车的机械，在配备其他取物装置以后，还能用于散货和各种规格品种货物的装卸作业。叉车具有机械化程度高、机动灵活性好的特点，方便开展托盘成组运输和集装箱运输，可有效提高仓库容积利用率，且成本低。

7. 托盘

托盘作为单元负荷的水平平台装置，用于货物的集装、堆放、搬运和运输的放置。在托盘上集装一定数量的单件货物，并按要求捆扎加固，组成一个运输单位，可便于运输过程中使用机械进行装卸、搬运和堆存，便于点数、理货交接，减少货损货差事故。同时托盘有供叉车从下部叉入并将台板托起的叉入口，使搬运或出入库场都可用机械（叉车）操作，减少货物堆码作业次数，有效提高运输效率并降低劳动强度。

试一试

要求：识别表 2-30 中的图片，并说明该设备、设施的用途。

表 2-30　设施设备及用途

设施/设备	名称	用途

表2-30(续)

设施/设备	名称	用途
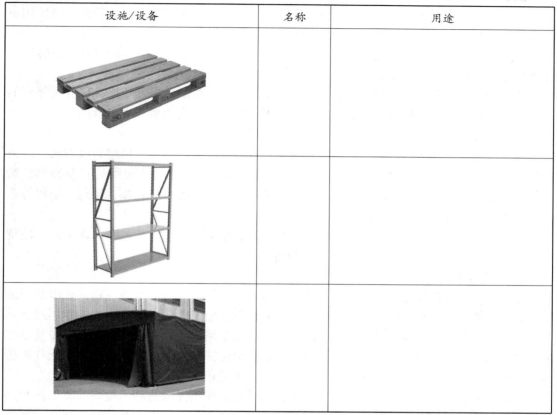		

二、存储作业管理

（一）入库作业管理

1. 货物入库作业管理类型

①按货物的交接方式分类，入库作业管理分为提货入库即货物到车站、码头、民航、邮局或者生产商、流通企业提取货物并运输入库和货主自己送货入库。

②按运输工具分类，入库作业管理分为铁路专线到货和汽车运输到货。

③按货物交接人分类，入库作业管理分为承运单位和供货单位。

2. 货物入库作业环节

（1）入库准备

仓库管理人员根据入库单、入库计划或仓储合同进行库场准备工作，使货物能按时入库。仓库的入库由仓库业务部门、仓库管理部门、设备作业部门分工合作，包括以下方面：

①熟悉入库货物。仓库业务人员、仓库管理人员仔细查阅入库的货物的资料，掌握入库货物的具体信息，包括货物的品种、规格、数量、包装状态、单件体积、到库确切时间、货物存期、货物的理化特性、保管要求等，并根据入库货物信息完成库场安排和准备。

②掌握仓库库场情况。了解在货物入库、保管期间仓库的库容、设备、人员变动情况，以便安排工作。必要时对仓库进行清查，清理归位，以便腾出仓容。如有必须使用重型设备操作的货物，一定要确保该货位空间可使用重型设备。

③制订仓储计划。仓库业务部门根据货物情况、仓库情况、设备情况制订仓储计划，并将任务下达到各相应的作业单位与管理部门。

④安排货位。仓库部门根据入库货物的性能、数量、类别，结合仓库分区分类保管的要求，核算货位大小，根据货位使用原则，妥善安排货物验收场地，确定堆垛方法、苫垫方案。

⑤准备物力。其包括验收工具（根据货物情况和仓库管理制度，确定验收方法，准备验收所需的点数、称量、测试、开箱装箱、丈量、移动照明等工具和用具）及装卸、搬运、堆码设备（根据货物、货位、设备条件、人员等情况，准备好装卸、搬运、堆码等业务需要的叉车、托盘、苫垫等用具）。

⑥准备文件单证。对货物入库所需的各种报表、单证、记录簿（包括入库记录、理货检验单、料卡、残损单）等预填制，以备使用。

（2）接运作业

接运的形式有两种，包括提货形式和到货形式。提货形式是指航空、铁路、水路等运输方式到达的外地或进口的货物，由仓库组织人员与运输工具从车站、码头或专用线下站入库的形式。提货形式仓库要组织库外运输、选择运输路线、确定派车方案及保障物品在回库途中的安全。到货形式是指由工厂或购销业务单位持有关凭证自备运输工具把货物送到仓库的形式。到货形式仓库无需组织库外运输，可凭相关凭证直接验收货物。

接运的主要任务是及时、准确地从供货商或承运商那里提取物品，做好验收工作和接运记录，对物品接运过程的每一步骤做详细的记录，详细列明接运物品到达、接运、交接等各个环节的情况，以分清责任，追踪有关资料，促进验收、索赔、交涉等工作的顺利进行。

（3）验收作业

验收指物品入库前按一定的标准程序和手续对到库物品进行数量和外观质量的检查以验证是否符合订货合同规定的工作。验收作业之前要先明确验收标准，验收通常以采购合同或订单所规定的具体要求和条件、采购合同中的产品规格或图解、议价时的合格样品及各类产品的行业或国家品质标准作为验收标准。在实际验收作业时，货物验收的标准优先采用合同中有规定的执行，如合同没有规定的，则按行业或国家标准执行。验收作业包括验收准备（人员准备、资料准备、器具准备、货位准备、设备准备）、核对凭证（入库通知单和订货合同副本、材质证明书、装箱单、磅码单、发货明细表、运单）、实物验收（包装验收、数量验收、质量检验），并做好差错处理。认真细致完成验收，可避免企业遭受经济损失、起到对供货单位和承运商监督的作用、指导商品的保管和使用。

（4）验收问题的处理

验收时应做好各项验收记录，以便在验收出现问题时可分清责任。验收中发现的具体问题，可用书面形式通知业务部门和发货方要求查明情况进行处理。根据溢余、短少、残损、变质等情况，及时填报表格发给业务单位并转抄给发货方，以免厂方或供货方否认。采用的表格有《商品验收短溢残损变质查询单》（查询单不可作入库原始凭证）。如验收时发现货物的实际件数与入库单记载不一致，经复验认定后，应在进仓商品验收记录上做相应记录，按实收数签收，并将短缺情况通知有关方。如验收时对货物包装有疑问的，收货人员应会同货物运送人员开箱查验，如发现有缺损情况，当即做好有关记录，并对货物专择地方堆放，以便处置。如验收时发现货物送达仓库时，仓库管理人员尚未收到有关单证。此时，可将货物作暂存处理，并即刻通知有关方补送单证，并等单证到齐后再验收入库。如验收时发现货物的单证先送达然而货物迟迟未抵，应立即与货物托运保管人联系，当查实无货来库时，按合同办理相关手续或将单证退回并注销。如验收时发现货未到齐，仓库管理人员应该按实际收到数在有关单证上签收。

（5）入库交接

货物完成点数、查验等验收工作后，可安排卸货、入库堆码，即仓库接收货物，可与送货人办理交接手续，并建立仓库台账。

试一试

甲仓库 2022 年 5 月 20 日完成网络摄像头的验收，发现少了 10 件。请根据送货单（表 2-31）及验收情况完成签单，并编制入库单（表 2-32）、商品验收单（表 2-33）。

表 2-31　送货单

单位：××公司　　　　　　　　　　　　　　　　　　日期：2022 年 5 月 20 日

品名	规格	单位	数量	单价/元	金额/元	备注
网络摄像头	128	个	1 000	50	5 000	

收货单位（盖章）：　　　　　　制单：张三　　　　　　送货单位（盖章）：

经手人：　　　　　　　　　　　　　　　　　　　　　经手人：

表 2-32　入库单

供应商：　　　　　　　　　　　　　　　　　　　　　　　年　　月　　日

序号	品名	品牌	型号	规格	类别	单位	数量	单价/元	金额/元	备注
1										
2										
3										
4										
5										
合计										

总经理：　　　　　　采购员：　　　　　　验货员：　　　　　　仓管员：

表 2-33　商品验收单

进料时间	年　月　日		厂商名称	订购数	
料号				交货数	
订单号码			品名规格	点收数	
发票号码				实收数	
检验项目	检验规格		检验状况	数量	判定
检验数量		不良数		不良率	
处理情况	允收	拒收		待采	全检

（二）理货与拣货作业

1. 理货作业

理货是指仓库在接收入库货物时，根据入库单、运输单据、仓储合同和仓储规章制度，对货物进行清点数量、检查外表质量、分类分拣、数量接收的交接工作。理货是仓库确认收存货物实物的作业过程，理货意味着接收货物，是仓库履行仓储合同中保管人义务的行为。理货是对货物入库进行第一次全面检查，可及时发现货物的问题，对已残损、沾污、变质的货物可以拒绝接收，对已存在质量隐患的货物予以认定和区别，并及时采取针对性的处理措施，是仓库保管质量的第一道关口，有利于提高保管质量。理货是仓储作业的过程，包括仓管员储位分配、指挥装卸搬运、货物分类分拣。

理货作业主要工作内容包括：

（1）清点货物件数。件装货物应根据合同约定的计件方法，点算完整货物的件数；如合同没有约定则仅限于点算运输包装件数（又称大数点收）。

（2）查验货物单重和尺寸。货物单重是指每一次运输包装的货物的重量。而以长度或者面积、体积进行交易的货物，入库查验时必须对货物的尺寸进行丈量，以确定入库货物数量。丈量的项目（长度、宽度、高度、厚度等）根据约定或者根据货物的特性确定，并使用合法的标准量器工具（直尺、卷尺、卡尺等）进行丈量。

（3）查验货物重量。查验货物重量是对入库货物的整体重量进行查验。货物的重量分为净重和毛重（毛重－皮重＝净重）。可采用以下衡重方法确定毛重或净重：衡量单件重量，则总重等于所有单件重量之和；分批衡量重量，则总重等于每批重量之和；入库车辆衡重，则总重＝总重车重量－空车重量；抽样衡量重量，则总重＝（抽样总重/抽样样品件数）×整批总件数。此外，对设有连续法定计量工具的仓库，可以直接用轨道衡、皮带衡、定量灌包器、流量计连续计量设备进行自动衡重。对液体货物衡重，可通过液量计算的方法，即对容器或运输工具的液体货物体积（容器、货舱体积）和液体的比重测定来计算重量。

（4）检验货物表面状态。理货时应查验货物外表状态，确定货物有无包装破损、内容外泄、变质、油污、散落、标志不当、结块、变形等不良质量状况，以接收货物外表状态良好的货物。

（5）剔出残损。在理货时应将不良货物剔出并单独存放，避免与其他正常货物混淆。待理货作业结束后确定质量、受损程度。对不良货物可进行退货、修理、重新包装处理，或作残损上报处理（完成残损报告），以便明确划分责任。

（6）货物分拣。理货作业须进行货物确认和分拣作业。货物分拣通常采取分货种、规格、批次储存货物，以保证货物存储质量。对同时入库的多品种、多规格货物应进行分拣、分类及分储。对于仓储委托的特殊分拣作业（分颜色、分尺码等），也在理货分拣环节进行。若需开包进行内容分拣，则需独立作业。

（7）货位安排、指挥作业由理货人员进行卸车、搬运、堆码作业指挥。

（8）现场事故处理。在理货作业中如发现货物残损不能退回的，仓库接收但要完成残损记录，并由送货人、承运人签署确认。对理货作业中发生的工损事故，也应完成事故报告，由事故责任人签署。

（9）办理交接。由理货人员与送货人、承运人办理货物交接手续，并接收随货单证和文件并填制收费单据，代表仓库签署单证，提供单证由对方签署等。

2. 拣货作业

拣货作业是仓库根据订单要求或配送中心的送货计划，尽可能迅速、准确地将货物从仓库相应的储位或其他区域拣取出来，并按一定方式进行分类、集中，等待配装送货的作业过程。

拣货作业基本流程包括编制发货计划、确定拣货作业方式、制定拣货作业单据、安排拣货作业路径、分派拣货作业人员、拣取货物、分类集中。

（三）出库作业管理

出库作业是拣取作业之后，首先将所拣取的货物按订单需求或配送路线分类，再进行出货检查，打包并根据需要贴印适当的标志，其次按不同客户位置或行车路线将货物运至出货区，最后装车配送出货的作业。出库作业主要包括以下工作：

（1）分货，也称配货，指完成拣货作业后，根据订单或配送路线等不同的组合方式对货品进行分类。需要流通加工的货物，先按流通加工方式分类，再按送货要求分类。

（2）出货检查，是为保证出库货物准确送达而在配货后立即进行的出库检查，且要按照"单品复核"的原则复核单货是否相符、货位结存数量来验证出库量是否正确。发货前由专职或兼职复核员按出库凭证对出库货物的品名、规格、单位、数量等仔细地进行复验，检查无误后，由复核员在出库凭证上签字，方可包装或交付装运。此外，在包装过程和装运过程中要再次进行复核。

（3）包装，是为了安全运输的要求，对货物进行重新组装或加固包装的工作。为了保证出库货物安全运达目的地，包装应符合根据货物的外形特点、货物运输要求选用适宜的包装材料和包装方式包装，并要充分利用包装容积、节约包装材料，做到绿色环保。包装完成应在外包装上标明收货单位、到站、发货号、本批货物的总包装件数、发货单位等，字迹要清晰，书写要准确等要求。凡是由仓库分装、改装或拼装的货物，装箱人员要填制装箱单并标明箱内所装货物的名称、型号、规格、数量及装箱日期等，并由装箱人员签字或盖章后放入箱内，以供收货单位查对。

出库作业的基本流程包括：

（1）出库前的准备：对货物原件的包装整理，零星货物的组配、分装，包装材料、工具、用品的准备，待运货物的仓容及装卸机具的安排调配，发货作业的合理组织。

（2）物品出库的业务流程：核对出库凭证、备货、复核、点交、登账、销账、存档和现场的清理。

出库作业物品出库必须依据一定格式的正式凭证进行；在保证物品使用价值不变的前提下，坚持"先进先出"的出库原则；物品发出后，应随即在物品保管账上核销，并保存好发放凭证，同时调整货卡吊牌；物品出库作业要注意安全操作，防止损坏包装和震坏、压坏、摔坏物品。同时，还要保证运输安全，做到物品包装完整，捆扎牢固，标识正确清楚，性能不互相抵触，避免发生运输差错和损坏物品的事故。物品出库的方式是指仓库用什么样的方式将货物交付用户。选用哪种方式出库，要根据具体条件，由供需双方事先商定。

试一试

甲公司出库方案

1. 客服对于满足出库要求的订单申请出库。同时将接收地址、收货人名称给予出库专员。

2. 出库专员对客服专员申请出库的合同在系统中形成出库单，将接收地址、收货人员填入出库单。

3. 仓库配货专员接收到出库单后进行配货并安排发货。

4. 出库专员及时将当日发货情况反馈给客服，以便客服及时了解发货情况。

5. 客服及时将用户确认后的货品签收单反馈给出库专员。

要求：请结合已学知识，分析甲公司出库方案是否合理。如不合理，请给出意见或建议。

任务实施

1. 请根据案例资料，为新科公司的库房完成仓储设施设备的配置及仓储作业流程的设计。

2. 请以小组为单位，合作完成任务，每组派 1~2 名同学完成任务成果展示。

3. 任务成果以电子版提交，格式不限。

任务评价

完成任务评价表，见表2-34。

表2-34　任务评价

项目	评价标准	分值	自我评分	小组评分	教师评分
专业能力 50分	仓库常见设施设备认知	15分			
	仓库入库作业	10分			
	仓库理货与分拣作业	15分			
	仓库出库作业	10分			
方法能力 20分	获取信息能力	5分			
	解决问题能力	5分			
	独立工作能力	10分			

表2-34(续)

项目	评价标准	分值	自我评分	小组评分	教师评分
社会能力 20分	团结协作能力、人际交往能力、职业适应能力、语言表达能力、规范行为能力等社会能力	20分			
思政感悟 10分	了解现代物流科学决策和管理方式,对中国物流现状充满信心,树立服务现代化物流新格局的社会责任感	10分			
综合得分		100分			
评语 (请完成评价后进行评语撰写,可以就课堂表现中的优缺点、掌握的知识与技能、方法能力与社会能力等情况进行评价)					

知识检测

一、判断题

1. 托盘货架出入库容易受先后顺序的限制,需配合升降式叉车存取。　　　　（　　　）

2. 货物分拣时如需开包分拣,则需独立作业,以防与其他货物混淆。　　　　（　　　）

3. 验收时只需要核对入库通知单和订货合同副本。　　　　　　　　　　　　（　　　）

4. 仓库的辅助建筑一般设在生活区,并与存货区设置在一起。　　　　　　　（　　　）

5. 如验收时发现货物短缺,按入库通知单上数量签收,并将短缺情况通知有关方。
　　　　　　　　　　　　　　　　　　　　　　　　　　　　　　　　　　（　　　）

6. 在理货作业中如发现货物残损不能退回的,仓库丢弃。　　　　　　　　　（　　　）

7. 包装要充分利用包装容积、节约包装材料,做到绿色环保。　　　　　　　（　　　）

8. 叉车可做短距离水平运输。　　　　　　　　　　　　　　　　　　　　　（　　　）

9. 大数点收即点算运输包装件数。　　　　　　　　　　　　　　　　　　　（　　　）

10. "单品复核"即核对单证、货物是否相符。　　　　　　　　　　　　　　（　　　）

二、思考题

实地参观一家生产企业和一家物流企业的仓库,了解其仓储管理制度,比较两者仓储业务管理的特点。

任务 5　物料库存的控制

学习目标

1. **知识目标**
   - ■ 熟悉库存与库存分类。
   - ■ 了解库存的作用。
   - ■ 熟悉库存成本的构成。
   - ■ 掌握库存控制及库存周转的概念。
2. **能力目标**
   - ■ 能够对库存周转速度及库存成本进行准确分析。
   - ■ 能够运用 ABC 分类法对库存商品进行科学分类管理。
3. **素养目标**
   - ■ 能够掌握理论与实践相结合的学习方法。
   - ■ 能够提升分析能力、表达能力、文字处理能力及团队合作能力。
   - ■ 能够提升库存管理能力及物流职业能力。
   - ■ 形成严谨认真的工作意识。
4. **思政目标**
   - ■ 了解现代物流科学决策和管理方式，对中国物流现状充满信心。
   - ■ 树立服务现代化物流新格局的社会责任感。

建议学时

4 课时

学习课件

任务描述

　　新科公司主营电脑的生产制造。该公司 2021 年第一季度的型号 A101 手提电脑的零部件采购价格、库存信息、出入库信息见表 2-35。请计算 2021 年第一季度各零部件的库存周转率并填写表 2-35，并对 2021 年第一季度的库存零部件进行 ABC 分类管理，填写表 2-36，对该企业库存管理及订货方法给出意见和建议。

表 2-35　零部件的采购价格、库存和出入库信息　　　单位：个

	显示屏 500 元/个	键盘 100 元/个	状态指示灯 5 元/个	触摸板 80 元/个	电池 150 元/个	CPU 800 元/个	硬盘 500 元/个	内存 300 元/个
1 月 1 日	1 000	1 000	1 000	1 000	1 000	1 000	1 000	2 000
1 月 5 日	+1 000		+500	+500	+800			
1 月 10 日		+1 000	+600		+800		+500	+1 200
1 月 20 日				+800		+1 000	+600	+900
1 月 25 日	−2 000	−2 000	−2 000	−2 000	−2 000	−2 000	−2 000	−4 000
1 月 30 日	+500			+500			+500	
2 月 5 日	+600		+1 000					+500
2 月 15 日		+1 000		+800	+1 000	+1 000	+1 000	+1 000
2 月 25 日	+1 000			+500		+1 000	+600	+1 200
3 月 2 日		+1 000	+1 600		+500			
3 月 10 日	−2 000	−2 000	−2 000	−2 000	−2 000	−2 000	−2 000	−4 000
3 月 20 日	+600		+600		+500	+500	+500	+900
3 月 24 日		+800		+300				+700
3 月 25 日				+300				
3 月 30 日	−500	−500	−500	−500	−500	−500	−500	−1 000
期末余量								
库存周转率/%								

表 2-36　ABC 分类管理

产品名称	数量/个	单价/元	总金额/元	金额百分比/%	累计金额百分比/%	累计数量百分比/%	分类

任务分析

一、认识库存

（一）库存的定义

库存是指处于实际储存状态的货物，包括生产库存及流通库存。其中，生产库存是指为了保证组织在生产经营过程中所消耗的物资能够不间断地供应而储存的原材料、零部件、成品。流通库存是指在流通过程中准备用于批发、零售等销售活动而准备的库存，如生产企业的产成品库存、流通企业的批发库存、零售库存等。

（二）库存的作用

库存的作用包括：缩短订货提前期；稳定生产与需求；分摊订货费用；调整备货成本；防止缺货；防止生产中断；大量生产提高生产效益，降低生产成本；调节供需之间的季节性差异；避免由于紧急概况而出现停产；提高客户服务水平。

二、认识零库存

零库存是以仓库储存形式的某种或某些物品的储存数量很低的一个概念，甚至可以为"零"，即不保持库存。实现零库存可以免去因仓库持有库存而存在的，如仓库建设、管理、存货维护、保管、装卸、搬运等费用，存货占用流动资金及库存物的老化、损失、变质等问题。

三、分析库存成本构成

库存成本由存储成本、订货成本、缺货成本构成。

存储成本是指物资存放在仓库经过一定时期后所发生的全部成本，即为保持存货而发生的成本。它具体包括两个方面：一是因为对实物的保管而发生的多种支出，如仓库的折旧费、保险费、修理费、冷暖气费、通风照明费等仓储费用，以及仓库内部的装卸搬运费、仓库管理费等；二是因为存储的货物本身占用资金的费用，为储存物资占用资金而支付的利息或占用费、物资陈旧变质、损坏、拆耗所发生的损失等。

订货成本是指从发出订单到收到存货整个过程中所付出的成本。它包括订单处理成本（包括办公成本和文书成本）、运输费、运输过程中发生的保险费、装卸费等。

缺货成本又称亏空成本，是指由于外部和内部中断供应所产生的费用。外部短缺、内部短缺将最终导致延期付货或失销。缺货成本具体包括停工造成的损失、拖欠发货造成的损失、丧失销售机会造成的损失、商誉影响造成的损失等。

想一想

将成本按照固定成本和变动成本划分，则库存成本中，存储成本、订货成本、缺货成本的各项目应如何划分？

四、库存管理与库存周转

（一）库存管理

库存管理是指与库存物料的计划与控制有关的业务，目的是支持生产运作。

合理的库存管理与库存控制将为企业生产经营管理带来一系列好处，包括：在保证企业生产、经营需求的前提下，使库存量经常保持在合理的水平上；掌握库存动态，适时、适量提出订货并避免超储或缺货；减少库存空间占用，降低库存总费用；控制库存资金占用，加速资金周转。

（二）库存周转

库存周转就是对库存商品依据先进先出的原则进行循环，是库存管理的主要内容。对库存周转进行分析可以反映企业的营运能力及存货管理水平、存货的变现能力。其中，反映库存周转的指标又指库存周转率和库存周转天数。

库存周转率的计算公式：

库存周转率 = 该期间的出库总金额/该期间的平均库存金额

= （该期间出库总金额×2）/（期初库存额+期末库存额）

平均库存金额 = （期初库存额+期末库存额）/2

库存周转天数 = 360/库存周转次数

库存周转率是在某一时间段内库存货物周转的次数，是反映库存周转快慢程度的指标，周转率越大表明销售情况越好。在物料保质期及资金允许的条件下，可以适当增加其库存控制目标天数，以保证合理的库存；反之，则可以适当减少其库存控制目标天数。

试一试

某仓库 2021 年的 A 材料出入库情况如下：1 月 1 日 A 材料库存 100 件；3 月 2 日，A 材料入库 50 件；5 月 24 日，A 材料出库 80 件；7 月 4 日，A 材料出库 20 件；8 月 8 日，A 材料入库 100 件；9 月 30 日，A 材料出库 30 件；12 月 20 日，A 材料出库 20 件。请完成表 2-37 出入库情况统计并计算年存货周转率。

（假设 A 材料单位价格为 100 元/件）

表 2-37　A 材料出入库情况统计

	入库/件	出库/件	余额/元
1 月 1 日			
3 月 2 日			
5 月 24 日			
7 月 4 日			
8 月 8 日			
9 月 30 日			
12 月 20 日			
期末合计			

五、库存分类及库存分类管理方法

（一）库存的分类

库存按经济用途分类，分为流通库存、生产库存。流通库存是指一定时点上停留在流通领域内的全部商品。它包括存放在商业经营单位的仓库、货场、货柜、货架、橱窗中的商品；挑选、整理、包装中的商品；已计入购进但尚未运到商业单位的在途商品；已发出但尚未办妥收款手续或采取送货制但尚未取得运输凭证的商品；寄放他处的商品，如因购货方拒绝承付而暂时寄放在购货方的商品；已办妥加工成品收回手续但仍存放在加工厂的商品；委托其他单位代销但尚未售出的商品；代其他单位购进而尚未交付的商品等。生产库存是指处在生产过程中为生产的各个环节顺利进行提供物资准备的库存，包括原材料库存、零配件库存、在制品库存等。流通库存的服务对象是市场客户，而生产库存则是面向生产。库存分类见表 2-38。

库存按目的分类，分为经常性库存、季节性库存、投机性库存、促销库存和安全库存。经常性库存是指在正常的经营环境下，企业为满足日常需要而建立的库存。季节性库存是指为了满足特定季节中出现的特定需求而建立的库存，或指对季节性生产的商品在出产的季节大量收储所建立的库存。投机性库存又称屏障库存，是指为了避免因物价上涨造成的损失或者为了从商品价格上涨中获利而建立的库存，具有投机性质，如一些矿产品或农牧产品等。促销库存是指为了应对企业的促销活动，产生销售量增加而建立的库存。安全库存又称安全存储量、保险库存，是指为了防止不确定性因素（如大量突发性订货、交货期突然提前、临时用量增加、交货误期等特殊原因）而预计的保险储备量（缓冲库存）。

表 2-38　库存分类

	分类标准	分类结果
库存的分类	经济用途	流通库存、生产库存
	生产过程阶段	原材料库存、零部件库存、半成品库存和成品库存
	库存目的	经常性库存、季节性库存、投机性库存、促销库存和安全库存
	存放地点	库房存货、在途库存、委托加工库存和委托代销库存

（二）库存分类管理方法

ABC 分类法是库存管理中常用的分析方法，指将库存的物资按照其重要的程度分为 A 类（特别重要物资）、B 类（一般重要物资）和 C 类（不重要物资）三个等级，根据分类结果对不同类型物资进行分类管理和控制的方法。

1. ABC 分类法的实现步骤

第一步，计算每一种物资的金额。

第二步，按照金额由大到小排序并做成表格。

ABC 分类分析表栏目构成：第一栏产品名称；第二栏数量；第三栏单价；第四栏总金额；第五栏金额百分比；第六栏累计金额百分比；第七栏累计数量百分比；第八栏为分类结果。ABC 分类法分析见表 2-39。

表 2-39　ABC 分类分析表

产品名称	数量/个	单价/元	总金额/元	金额百分比/%	累计金额百分比/%	累计数量百分比/%	分类结果
合计							

第三步，计算每一种物资金额占库存总金额的比率（金额百分比）。

第四步，计算累计金额百分比。

第五步，计算累计数量百分比。

第六步，分类。

累计金额百分比的比率在 0%~70% 的，为最重要的 A 类库存；累计金额百分比的比率在 70%~90% 的，为次重要的 B 类库存；累计金额百分比的比率在 90%~100% 的，为不重要的 C 类库存。

2. ABC 分类法的分类依据

ABC 分类法的分类依据见表 2-40。

单位：%

表 2-40　ABC 分类法的分类依据

分类	占总库存品种数百分比	占总出库金额的累计百分比
A 类库存	5~10	70~80
B 类库存	10~20	80~90
C 类库存	70~75	90~100

3. ABC 分类管理方法

ABC 分类管理方法见表 2-41。

表 2-41　ABC 分类管理方法

	特点	订货方针	管理方法
A 类	价值高、品种少，数量占总数的 10% 左右，而采购金额占总采购金额的 70% 左右	依生产方式制订物料需求计划；尽可能缩短订货提前期；加强交货期限控制；将库存压缩到最低水平，科学设置订货点、安全库存量；尽量降低采购价格	重点管理控制，每日盘点检查
B 类	价值较高、品种较少的物料，数量占总数的 20% 左右，而采购金额占总采购金额的 20% 左右	采用定量订货法订货，前置期时间较长，中量采购	每周盘点检查
C 类	价值较低、品种多的物料，数量占总数的 70% 左右，而采购金额占总采购金额的 10% 左右	大批量采购，获得价格上的优惠	简化库存管理，每月循环盘点。对于积压物品及不能发生作用的物料，每周向管理层报告及清理

试一试

A 公司仓库有以下库存物品：电脑 2 台，每台 5 000 元；打印机 3 台，每台 3 500 元；活页夹 100 个，每个 15 元；签字笔 10 盒，每盒 150 元；便条贴 20 个，每个 5 元；A4 笔记本 30 本，每本 5 元；A3 笔记本 20 本，每本 6 元；小白板 3 张，每张 200 元；电话 5 台，每台 300 元；名片夹 50 个，每个 10 元；胶水 5 盒，每盒 50 元。请计算每种物品的金额。

解析：

第一步：计算每一种物品的金额；

第二步：制作 ABC 分类分析表；

第三步：按照金额由大到小排序并列成表格；

第四步：计算每一种材料金额占库存总金额的比率；

第五步：计算累计金额百分比；

第六步：计算累计数量百分比；

第七步：分类。

六、库存控制技术

（一）库存控制

库存控制是对企业生产经营过程中的各种产成品、在制品、零部件以及其他资源进行管理和控制，使其存储量保持在经济合理的水平上。库存控制运用合适的控制库存方法降低库存水平、提高物流系统生产运作效率，以提高企业利润率及市场竞争力。

库存控制基本目标：用最低的费用，减少不良库存。

（二）影响库存水平的因素

1. 经营方面

经营目标满足顾客服务的要求，因而必须保持一定的预备库存，但要实现利润最大化，就必须降低订购成本。要降低生产准备成本，更要降低库存持有成本，因此库存量水平的高低需要进行综合权衡。

2. 生产方面

商品特征、生产流程、周期以及生产模式对库存产生影响。

3. 运输方面

运输费用、运输方法、运输途径对库存的影响很大。

4. 销售方面

订单的预测与订单的稳定性会对库存产生重要影响。

5. 订购周期

订购周期是指从确定对某种商品的需求到需求被满足之间的时间间隔，也称为提前期。其中包括了订单传输时间、处理时间、额外补充存货时间及订购装运交付运输时间。

（三）企业的年销售目标

销售目标是指在本计划期内销售部门所要达到的业绩目标，对制订销售策略和销售方案具有指导作用。销售目标的确定基于销售现状的分析及未来销售量的预测。

年度计划销售额＝年度平均库存量×行业标准周转率

行业标准周转率可以用自己企业所设立的目标周转率，也可以参考有关部门编制的经营目标。

试一试

某企业 2011 年度的年度平均库存量价值为 1 750 万元，行业标准周转率为 20 次/年，请计算：

（1）该企业的销售目标是多少？

（2）该企业多少天周转一次？（一年以 365 天计算）

（四）月需求量

商业结算通常都以月为结算周期，因此商品库存可以参照已经发生的月需求变动来推算下月初应有的库存额。

月初库存额＝年度平均库存额×（1+季节指数）×0.5

季节指数＝该月销售目标（或计划）/月平均销售额

试一试

某公司生产甲材料，2011 年年度销售目标（计划）为 36 万元，预计年度周转率为 20 次，由于市场需求量下降，第二季度销售额实现每月平均 10 万元，预计 7 月份销售额为 9 万元，那么该公司 7 月期初库存额应调整为多少？

任务实施

1. 学生以小组为单位，查看案例数据，分析零部件采购价格、库存信息、出入库信息。

2. 根据题目要求，对所搜集数据进行分析分类，完成最佳订货批量并计算 2021 年度各零部件的库存周转率。

3. 计算结果并制作 ABC 分类管理表。

4. 根据案例分析成果形成数据信息展示。

任务评价

完成任务评价表，见表 2-42。

表 2-42　任务评价

项目	评价标准	分值	自我评分	小组评分	教师评分
专业能力 50分	库存及库存管理基本概念	5分			
	库存周转与库存成本分析	15分			
	制作 ABC 分类管理表，完成库存分类管理控制	15分			
	设计库存管理及订货方针优化方案	15分			
方法能力 20分	获取信息能力	5分			
	解决问题能力	5分			
	独立工作能力	10分			
社会能力 20分	团结协作能力、人际交往能力、职业适应能力、语言表达能力、规范行为能力等社会能力	20分			
思政感悟 10分	了解现代物流科学决策和管理方式，对中国物流现状充满信心，树立服务现代化物流新格局的社会责任感	10分			
综合得分		100分			
评语 （请完成评价后进行评语撰写，可以就课堂表现中的优缺点、掌握的知识与技能、方法能力与社会能力等情况进行评价）					

知识检测

一、判断题

1. 存货周转速度越快，存货的占用水平越低，流动性越强。（　　）

2. 库存按经济用途，分为经常性库存、安全库存、生产加工和运输过程的库存和季节性库存。（　　）

3. 库存量过大增加仓库面积和库存保管费用，从而提高了产品成本。（　　）

4. 在正常的经营环境下，企业为满足日常需要而建立的库存是季节性库存。（　　）

5. 按库存存放地点可分为库房存货、在途库存、委托加工库存和委托代销库存。
（　　）

6. 实现零库存可以免去存货占用流动资金及库存物的老化、损失、变质等问题。
（　　）

7. 订单处理成本属于存储成本。（　　）

8. 库存周转率越大说明资金利用率越低。（　　）

9. 根据历史记录下促销订单可以避免库存过高。（　　）

10. 实现及时发货需避免内部抢单和内外沟通。（　　）

11. 按照控制对象价值的不同或重要程度的不同进行分类，C 类存货的品种种类占总品种数的比例约为 70%，价值占存货总价值的比例约为 10%。（　　）

12. ABC 分类法中 C 类物资必须重点关注。（　　）

二、计算题

1. 某仓库甲材料期初库存额为 10 000 单位，期末库存额为 5 000 单位，请计算平均库存额。

2. 某公司年度销售目标（计划）为 6 亿元，预计年度周转率为 15 次，由于市场需求量下降，一季度销售额实现每月平均为 4 000 万元，预计 4 月份销售额为 3 760 万元，那么该公司 4 月期初库存额应调整为多少？

3. 蓝天公司仓库有以下库存物品：电脑 2 台，每台 5 000 元；打印机 3 台，每台 3 500 元；活页夹 100 个，每个 15 元；签字笔 10 盒，每盒 150 元；便条贴 20 个，每个 5 元；A4 笔记本 30 本，每本 5 元；A3 笔记本 20 本，每本 6 元；小白板 3 张，每张 200 元；电话 5 台，每台 300 元；名片夹 50 个，每个 10 元；胶水 5 盒，每盒 50 元。

要求：按照 ABC 分类法对该仓库的商品进行分类，并提出管理方法及订货方针。

4. 某仓库甲材料单位价格为 50 元/件，2014 年甲材料出入库情况见表 2-43。

要求：完善表格并计算存货周转率。

表 2-43　甲材料出入库情况　　　　　　　单位：件

日期	入库	出库	结余
01-01			100
02-05		25	
04-04		15	
05-16		20	
07-01	50		
09-18		10	
11-01		20	
12-05		15	
12-31	40		

任务6　物料质量控制与现场管理

学习目标

1. 知识目标

- 了解质量管理的概念及原则。
- 熟悉常用的质量管理工具。
- 了解现场管理的概念及意义。
- 熟悉常用的现场管理工具。

2. 能力目标

- 能够选择合适质量管理工具对物料质量进行管理。
- 能够选择合适现场管理工具对企业生产现场进行管理。

3. 素养目标

- 能够掌握理论与实践相结合的学习方法。
- 能够提升分析能力、表达能力、文字处理能力及团队合作能力。
- 能够提升质量管理能力、现场管理能力及物流职业能力。
- 形成严谨认真的工作意识。

4. 思政目标

- 了解现代物流科学决策和管理方式，对中国物流现状充满信心。
- 树立服务现代化物流新格局的社会责任感。

建议学时

4课时

学习课件

新科公司是一家针对中国消费者的电脑产品设计生产制造公司。该公司在广东东莞拥有电脑生产基地，进行本地化生产。生产基地拥有 10 条最为先进的生产线，年产能最高可达 50 万台电脑。现需要对生产基地的各工作现场进行现场管理方案设计及质量管理方案设计，以优化工作流程并提高企业生产物流工作效率。

一、质量管理

（一）定义

质量管理是指确定质量方针、目标和职责，并通过质量体系中的质量策划、控制、保证和改进来使其实现的全部活动。

国际标准和国家标准的定义：质量管理是"在质量方面指挥和控制组织的协调的活动"。

（二）原则

ISO 标准质量八大原则：以顾客为关注焦点、领导作用、全员参与、过程方法、管理的系统方法、持续改进、基于事实的决策方法、与供方的互利关系。

（三）全面质量管理

全面质量管理（total quality management，TQM）是指一个组织以质量为中心，以全员参与为基础，目的在于通过顾客满意和本组织所有成员及社会受益而达到长期成功的管理途径。在全面质量管理中，质量这个概念和全部管理目标的实现有关。

二、质量管理工具

（一）检查表

检查表又称点检表或查核表，由风险管理专业人员、生产技术人员和工人共同参与编制，是根据系统工程分析方法，找出生产经营现场及过程中可能存在的各种风险因素，然后以提问的方式将这些风险因素列表生成表格。通过使用简单的数据，用容易理解的方式，制成图形或表格，并统计汇总数据，完成量化分析及比对检查。

检查表的编制程序：决定检查的项目，将整个项目看作一个系统，再把系统分成若干个子系统；找出各子系统可能存在的风险因素；针对各个项目风险因素，查找有关控制标准或规范；根据项目风险因素的大小及重要程度依次列出问题清单并生成检查表（图形或表格）。

检查表在生产经营现场质量控制过程中，可以通过事实资料有效解决问题并避免收集资料时，加入个人非理性的情绪的文字叙述等不具体明确因素，使检查控制更科学理性。

检查表（部分）格式见表 2-44。

表2-44 检查表（部分）格式

公司名称： 　　　　部门： 　　　　检查时间：

序号	项目	检查内容	检查记录	判定
1	质量目标	本部门的经营目标有哪些？ 抽查近3个月和年度目标考核记录，本部门的目标是否已达成？ 分析目标没有完成的原因。 现有改进措施？ 改进效果如何		
2	库存管理	进场验收是否有记录？ 存放、保管及运输是否符合相关规定？ 是否及时进行抽样检验		
……	……	……		

批准： 　　　　检查：

（二）鱼骨图

鱼骨图（见图2-11）又名因果图或石川图，是一种通过"透过现象看本质"的发现问题"根本原因"的分析方法。

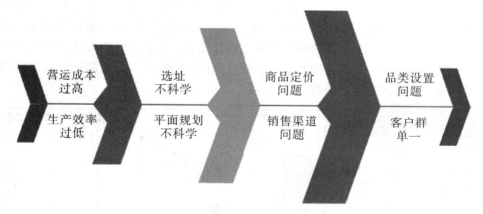

图2-11 鱼骨图分析

该分析方法操作模型看上去有些像鱼骨，将问题或缺陷或后果标在"鱼头"处，并在鱼骨上长出鱼刺，每根鱼刺上面按出现机会的多寡列出产生问题的可能原因，用以说明可能产生问题的原因及如何影响的。其特点是简洁实用，深入直观。

（三）PDCA

PDCA循环（见图2-12）是全面质量管理的思想基础和方法依据。

PDCA循环将质量管理分为四个阶段，包括：

P（plan）计划，确定方针和目标以及制定活动规划。

D（do）执行，根据已知信息，设计具体方法、方案及计划；再根据设计的具体方法、方案及计划，进行具体运作及实现。

C（check）检查，总结计划执行的结果，分析并明确执行效果，找出并归纳问题。

A（act）处理，对总结检查的结果进行处理，肯定成功的经验并使之标准化；总结并重视失败。对本次 PDCA 循环中未解决的问题，应提交给下一个 PDCA 循环去解决。

在质量管理活动中，要求将各项工作任务及项目方案按照制订计划、实施计划、检查效果，并将成功的做法作为标准，不成功的提交下一循环去解决。

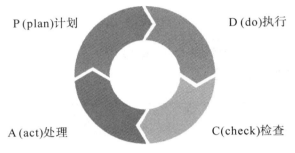

图 2-12　PDCA 循环

（四）排列图

排列图（见图 2-13）又名帕累托图、主次图，是将质量问题和质量改进项目按照重要程度（发生频率大小顺序）排列绘制的直方图，并表示有多少结果是由已知或已确认类型或原因造成的。通过收集分类整理数据并作成计算表，生成柱状图和累积曲线并计算累积比率，记入必要事项，达到组织和优化从最高到最低的数据并识别消耗了最多资源的少部分因素，完成质量问题统计分析。

产品	数量	累计占比	占比
产品1	80	0.00%	33.76%
产品2	50	33.76%	21.10%
产品3	55	54.85%	23.21%
产品4	25	78.06%	10.55%
产品5	21	88.61%	8.86%
产品6	5	97.47%	2.11%
产品7	1	99.58%	0.42%
			100.00%

图 2-13　排列图

三、现场管理

（一）现场管理的定义

现场即企业为顾客设计、生产、销售产品和提供服务以及企业与顾客沟通交流的地方。

现场管理是指用科学的标准和方法对生产现场各生产要素进行管理。它包括人（工人和管理人员）、机（设备、工具、工位器具）、料（原材料）、法（加工、检测方法）、环（环境）、信（信息）等进行合理有效的计划、组织、协调、控制和检测，使其处于良好的结合状态，从而达到优质、高效、低耗、均衡、安全、文明生产的目的。

现场管理要求对现场实行"定置管理"，使人流、物流、信息流畅通有序，现场环境整洁，文明生产。同时，现场管理也要求加强工艺管理，包括对工艺路线和工艺布局优化以提高工艺水平，严格按工艺要求组织生产并保证生产过程处于控制状态，保证产品质量。生产管理过程中，不断优化生产劳动组织、提高劳动效率，使生产现场组织体系更合理高效化。生产管理过程中，不断健全各项规章制度、技术标准、管理标准、工作标准和完善管理保障体系，并做好班组建设和民主管理。

（二）现场管理核心要素

现场管理的核心要素即4M1E，具体包括：man——人员（包括作业人员的数量、岗位、技能、职业资格等），machine——机器（包括检查、验收、保养、维护等），material——材料（品质、成本等），method——方法（包括生产流程、工艺、作业技术、操作标准等），environment——环境（包括作业环境、施工环境等）。

（三）现场管理工具

1. 生产现场作业标准化

生产现场作业标准化是对作业系统进行调查分析，将现行作业的操作程序、方法进行分解，并以科学技术、规章制度和实践经验为依据，对作业流程及作业标准进行改善，优化作业程序，达到安全、准确、高效的作业效果。

生产现场作业标准化的实施过程包括：生产现场发生问题、到达现场观察现象、找出问题根源、确认解决问题方式有效、找出新的工作程序予以标准化。

2. 生产现场8S管理

8S是指整理（seiri）、整顿（seiton）、清扫（seiso）、清洁（seiketsu）、素养（shitsuke）、安全（safety）、节约（save）、学习（study）八个项目。

生产现场8S管理及内容见表2-45。

表 2-45　生产现场 8S 管理及内容

项目	内容
1S: 整理	定义：区分要用和不用的，把不用的清除掉。 目的：把"空间"腾出来活用。 要求：把物品区分要和不要，不要的坚决丢弃。 （1）把工作场所任何东西区分为有必要的与不必要的； （2）把必要的东西与不必要的东西明确地、严格地区分开来； （3）不必要的东西要尽快地处理掉
2S: 整顿	定义：要用的东西依规定定位、定量摆放整齐，明确标示。 目的：不用浪费时间找东西。 要求：将整理好的物品明确地规划、定位并加标识。 （1）对整理之后留在现场的必要的东西进行分门别类放置、排列整齐； （2）明确数量、有效标识
3S: 清扫	定义：清除工作场所内的脏污，并防止污染的发生。 目的：消除脏污，保持工作场所干干净净、明明亮亮。 要求：经常清洁打扫，保持干净明亮的工作环境。 （1）将工作场所清扫干净； （2）保持工作场所干净、亮丽
4S: 清洁	定义：将上面 3S 实施的做法制度化、规范化，并维持成果。 目的：通过制度化来维持成果，并显现"异常"之所在。 要求：维持成果，使其规范化、标准化，将整理、整顿、清扫实施的做法制度化、规范化
5S: 素养	定义：人人依规定行事，从心态上养成好习惯。 目的：改变"人质"，养成工作讲究认真的习惯。 要求：养成自觉遵守纪律的习惯。 通过晨会等增强团队意识，员工养成文明礼貌的好习惯和按规定行事的良好工作习惯
6S: 安全	定义：A. 管理上制订正确作业流程，配置适当的工作人员监督指示功能； B. 对不合安全规定的因素及时举报消除； C. 加强作业人员安全意识教育； D. 签订安全责任书。 目的：预知危险，防患未然。 要求：采取系统的措施保证人员、场地、物品等安全。 （1）消除隐患，排除险情，预防事故的发生； （2）保障员工的人身安全和生产的正常进行，减少经济损失
7S: 节约	定义：节约为荣、浪费为耻。 目的：养成降低成本的习惯，对作业人员进行减少浪费意识的教育。 要求：减少企业的人力、成本、时间、库存、物料、消耗等因素。 人们以人生幸福为目标，追求效益，规避浪费的行为活动。养成降低成本习惯，加强对作业人员的减少浪费意识的教育
8S: 学习	定义：学习长处、提升素质。 目的：使企业得到持续改善、培养学习型组织。 要求：不断地减少企业的人力、成本、空间、时间、物料的浪费。 深入学习各项专业技术知识，从实践和书本中获取知识，同时不断地向同事和上级主管学习，学习长处从而达到完善自我，提升自我综合素质

3. 生产现场"三直三现"法

"三直三现"法是一种高效处理问题的方法，是由日本企业管理界提出来的"直接现场、直接现物、直接现象 、马上现场、马上现品、马上现象"。即当生产现场出现问题时，管理者应"马上到达现场并马上检查出现问题的产品或设备，马上观察分析原因"，以第一时间进入问题的中心并快速准确分析问题，制订最有效的对策并实施解决问题。

任务实施

1. 学生以小组为单位，抽签选择生产基地的作业现场，完成现场管理方案设计及质量管理方案设计，以优化工作流程并提高企业生产物流工作效率。

2. 任务成果形式不定，可以以图表、文本形式呈现。

3. 各小组指定 1~2 名代表完成任务成果展示。

任务评价

完成任务评价表，见表 2-46。

表 2-46　任务评价

项目	评价标准	分值	自我评分	小组评分	教师评分
专业能力 50 分	现场管理基本概念	5 分			
	质量管理基本概念	15 分			
	设计现场管理方案	15 分			
	设计质量管理方案	15 分			
方法能力 20 分	获取信息能力	5 分			
	解决问题能力	5 分			
	独立工作能力	10 分			
社会能力 20 分	团结协作能力、人际交往能力、职业适应能力、语言表达能力、规范行为能力等社会能力	20 分			
思政感悟 10 分	了解现代物流科学决策和管理方式，对中国物流现状充满信心；树立服务现代化物流新格局的社会责任感	10 分			
综合得分		100 分			
评语 （请完成评价后进行评语撰写，可以就课堂表现中的优缺点、掌握的知识与技能、方法能力与社会能力等情况进行评价）					

知识检测

一、判断题

1. 节约是为了减少企业的人力、成本、时间、库存、物料、消耗等因素。　　（　　）
2. 生产现场标准化作业能够提高生产效率、降低生产损耗、减少浪费。　　（　　）
3. "区域清晰、布局合理、通道畅通、分类摆放"体现了8S中"整顿"的要求。
（　　）
4. "工具定置定位管理，无多余工件、工具和杂物"体现了8S中"整理"的要求。
（　　）
5. 质量管理以生产现场组织体系的合理化、高效化为目的，可以提高劳动效率。
（　　）
6. 现场管理主要是对现场作业的设备、人员、工具进行管理。　　（　　）
7. "注意团队精神，企业形象，讲礼貌，讲文明"体现了8S中"素养"的要求。
（　　）
8. PDCA 循环的处理阶段，对改进的效果进行评价，用数据说话，看实际结果与原定目标是否吻合。　　（　　）
9. 全面质量管理包括产品质量、服务质量、成本质量管理及全过程的质量管理、全员参与的质量管理以及全企业的质量管理。　　（　　）
10. 企业要生存和盈利，就必须至始至终能够为顾客提供质量满意的产品和服务。
（　　）

二、案例分析

质量管理是公司生产管理环节中的重要组成部分，其重要作用众所周知。然而，在实际生产活动中，质量管理往往难以控制，导致公司质量管理出现问题的原因主要有十个。

1. 缺少远见

远见是指洞察未来从而决定公司将要成为什么样公司的远大眼光，它能识别潜在的机会并提出目标，现实地反映了将来所能获得的利益。远见提供了公司向何处发展、公司如何制订行动计划以及公司实施计划所需要的组织结构和系统的顺序。缺少远见就导致把质量排斥在战略之外，这样公司的目标及优先顺序就不明确，质量在公司中的角色就不易被了解。要想从努力中获得成功，公司需要转变其思维方式，创造不断改进质量的环境。

2. 没有以顾客为中心

误解顾客意愿、缺少超前为顾客服务的意识，虽改进了一些工作但没有给顾客增加价值，也会导致公司质量管理的失败。

例如，传递公司着迷于准时传递，努力把准时从42%提高到92%，然而令管理者惊讶的是公司失去了市场，原因是公司强调了时间准时却没有时间回答顾客的电话和解释产品。顾客满意是一个动态的持续变化的目标，要想公司质量管理成功就必须集中精力了解顾客的期望，开发的项目要满足或超出顾客的需要。

国外一家公司声称对不满意顾客提供全部赔偿，公司为此付出了代价，但收入却直线上升，员工的流动率也降至 50%。

3. 管理者贡献不够

调查表明，大多数公司质量管理活动的失败不是因为技术问题，而是管理方面的原因。所有的质量管理权威都有一个共识：质量管理最大的一个障碍是质量改进中缺少上层主管的贡献。管理者的贡献意味着通过行动自上而下地沟通公司的想法，使所有员工和所有活动都集中于不断改进，这是一种实用的方法。只动嘴或公开演说不适合公司，质量管理者必须参与和质量管理有关的每一个方面的工作并持续保持下去。在一项调查中，70%的生产主管承认他们的公司花费更多的时间在改进顾客满意的因素上。然而他们把这些责任授权给中层管理者，因而说不清楚这些努力成功与否。试想这样的质量管理能够成功吗？

4. 无目的培训

公司许多钱花费在质量管理的培训上，然而许多公司并没有因此得到根本的改进，因为太多的质量管理培训是无关紧要的。例如：员工们学习了控制图，但不知道在哪里用，不久他们就忘记所学的了。可以说没有目标、没有重点的培训实际上是一种浪费，这也是公司质量管理失败的一个因素。

5. 缺少成本和利益分析

许多公司既不计算质量成本，也不计算改进项目的利益。即使计算质量成本的公司也经常只计算明显看得见的成本（如担保）和容易计算的成本（如培训费），而完全忽视了有关的主要成本，如销售损失和顾客离去的无形成本。有的公司没有计算质量改进所带来的潜在的利益，如不了解由于顾客离去而带来的潜在销售损失等。国外研究表明：不满意的顾客会把不满意告诉 22 个人，而满意的顾客只将满意告诉 8 个人。减少 5% 顾客离去可以增加利润 25%~95%，增加 5% 顾客保留可以增加利润 35%~85%。

6. 组织结构不适宜

组织结构、测量和报酬在公司质量管理培训、宣传中没有引起注意。如果公司还存在繁琐的官僚层次和封闭职能部门，无论多少质量管理的培训都是没有用的。在一些公司中，管理者的角色很不清楚，质量管理的责任常常被授给中层管理者，这导致了质量小组之间的权力争斗，质量小组缺少质量总体把握，结果是争论和混乱。扁平结构、放权、跨部门工作努力对质量管理的成功是必须的。成功的公司保持开放的沟通形式，发展了全过程的沟通，消除了部门间的障碍。研究表明：放权的跨部门的小组所取得的质量改进成果，可以达到部门内的小组所取得成果的 200%~600%。

7. 质量管理形成了自己的官僚机构

在公司质量管理活动过程中通常把质量管理授权于某质量特权人物。质量成为一个平行的过程，产生带有自己的规则、标准和报告人员的新的官僚层次和结构，无关的质量报告成为正常。这个质量特权人物逐渐扩张渗透，成为花费巨大而没有结果的庞然大物。质量官僚们把自己同日常的生活隔离开来，不了解真实的情况，反而成为质量改进的障碍。

8. 缺少度量和错误的度量

缺少度量和错误的度量是公司质量管理失败的另一个原因。不恰当地度量鼓励了短期行为而损失了长期的绩效，一个部门的改进以损失另一个部门为代价。例如，选择合适的价格改进了采购部门的绩效，但给生产部门带来了极大的质量问题。公司没有参考对比就如同猎手在黑夜里打猎物，其结果只是乱打一气，偶然有结果，更可能是巨大的损失。公司需要与质量改进有关的绩效度量手段，包括过程度量和结果度量。成功的公司都是以顾客为基础来度量和监测质量改进的过程。

9. 会计制度不完善

现行的会计制度对公司质量管理的失败负有很大的责任。它歪曲了质量成本，没有搞清楚其潜在的影响。例如，与不良产品有关的成本如担保，甚至没有被看成是质量成本；废弃、返工被看成是公司的一般管理费用；顾客不满意和销售减少的损失却没有在账目上反映出来。

10. 报酬和承认不够

战略目标、绩效度量和报酬或承认是支持公司质量改进的三大支柱。改变观念和转变模式需要具有重要意义的行为改变，行为在很大程度上受承认和报酬制度的影响。只有有了好的报酬和承认制度，员工才能积极地去做。公司如何承认和回报员工是传递公司战略意图的主要部分。为使质量管理的努力富有成效，公司应当承认和回报有良好绩效者，从而使质量改进成为现实。

资料来源：佚名. 质量管理失败的十大原因［EB/OL］.［2013-01-04］. https://www.sodocs.net/doc/bf9444611.html.

根据案例内容思考并回答：

1. 总结公司质量管理出现问题的原因。

2. 针对问题 1 中公司质量管理出现问题的原因，请给出相应的解决对策。

项目小结

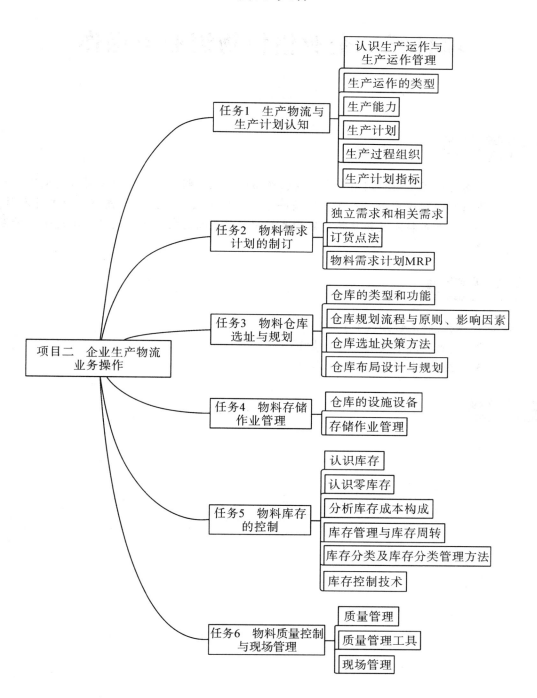

项目三　企业销售物流业务操作

工作情境描述

新科公司是一家针对中国消费者的电脑产品设计生产制造公司。该公司拥有电脑生产基地，并设有自营配送中心，实现产供销一体。你作为该公司销售物流部门的工作人员，请结合该公司的业务特点及销售物流的相关知识，完成销售物流方案设计及配送需求计划制订等工作。

工作流程与活动

任务1　销售物流认知（4学时）
任务2　销售物流方案设计（4学时）
任务3　配送需求计划编制（4学时）

建议学时

12课时

任务 1　销售物流认知

学习目标

1. 知识目标
- ■ 熟悉销售物流的内容。
- ■ 了解销售物流的特点。
- ■ 熟悉销售物流的操作流程。
- ■ 掌握销售物流的要点。

2. 能力目标
- ■ 能够完成配送流程设计。

3. 素养目标
- ■ 能够掌握理论与实践相结合的学习方法。
- ■ 能够提升分析能力、表达能力、文字处理能力及团队合作能力。
- ■ 能够提升销售物流管理能力及物流职业能力。
- ■ 形成严谨认真的工作态度。

4. 思政目标
- ■ 了解销售物流科学决策和管理方式，对中国物流充满信心。
- ■ 树立服务销售物流新格局的社会责任感。

建议学时

4 课时

学习课件

新科公司是电脑产品设计生产制造公司，小张负责物流部门运输配送工作。每天要按订单信息将商品配送到客户手中。请你为小张和新科公司设计规划配送流程，并说明操作要点。

一、销售物流概述

（一）销售物流的定义

销售物流（distribution logistics）又称为分销物流，是销售过程中的物流活动。它具体是指将产品从下生产线开始，经过包装、装卸搬运、储存、流通加工、运输、配送，一直到最后送到用户手中的整个产品实体流动过程。

销售物流又称为企业销售物流，是企业为保证本身的经营利益，不断伴随销售活动，将产品所有权转给用户的物流活动。在现代社会中，市场环境是一个完全的买方市场，因此，销售物流活动便带有极强的服务性，以满足买方的要求，最终实现销售。在这种市场前提下，销售往往以送达用户并经过售后服务才算终止，因此，销售物流的空间范围便很大，这便是销售物流的难度所在。在这种前提下，企业销售物流的特点，便是通过包装、送货、配送等一系列物流实现销售，这就需要研究送货方式、包装水平、运输路线等并采取各种诸如少批量、多批次，定时、定量配送等特殊的物流方式达到目的。

企业销售物流的内涵：企业在销售过程中，将产品的所有权转给用户的物流活动，是产品从生产地到用户的时间和空间的转移，是以实现企业销售利润为目的的，是包装、运输和储存等环节的统一。

销售物流是指生产企业、流通企业出售商品时，物品在供方与需方之间的实体流动。

销售物流是企业物流系统的最后一个环节，是企业物流与社会物流的又一个衔接点。它与企业销售系统相配合，共同完成产成品的销售任务。销售活动的作用是企业通过一系列营销手段，出售产品，满足消费者的需求，实现产品的价值和使用价值。

（二）销售物流的基本知识

企业物流管理可以分成三部分：企业生产物流管理（创造价值的过程）、企业销售物流管理（实现价值的过程）、企业采购进货物流管理（创造价值提供条件的过程）。

（三）销售物流的内容与环节

（1）产品包装。包装是企业生产物流系统的终点，也是销售物流系统的起点。包装的目的：一是便于商流，二是便于物流。包装分为销售包装和运输包装。

（2）产品储存。解决货品在时间位置上的位移问题，是保障生产和生活正常进行的前提条件。

（3）货物运输。运输是通过运输工具解决货品在空间位置上的位移问题。在物流学上叫作创造货品的空间效用。

（4）货物配送。配送是一种有别于普通运输的一种运输活动。配送是在局部范围内对多个用户实行单一品种或多品种的按时按量联合送货。

（5）装卸搬运是局部范围内的物流活动。装卸是局部范围内货品上下位置的变动，搬运是在局部范围内货品平面位置的移动。

（6）流通加工是流通过程中为方便销售、方便用户、废物利用、增添附加价值而进行的加工活动，是销售物流中最具综合效益的一个重要环节。

（7）物流信息。物流信息活动是指销售物流中的信息处理活动，物流信息处理是销售物流中关系整体效率和效益的重要环节。

（8）分销物流网络规划与设计。分销物流网络是指以配送中心为核心、连接从生产厂出发，经批发中心、配送中心、中转仓库等，一直到客户的各个物流网点的网络系统。

（9）货品管理。即对于物资品种规格、类别的管理。

（10）物流网点内部物流管理。物流网点包括配送中心、中转仓库、批发点、零售店等。

二、销售物流的方式方案

销售物流的方式方案主要研究货品空间位置移动的方式方案，也就是货物从生产企业转移到最终用户的方式方案。销售物流可以分成四种方式：

1. 传统送货方式

传统送货方式是指企业自行送货、或委托运输、或企业按照订单约定用户自提的方式将货物发往用户。其特点为随机的、零散的、非组织化的发运。

2. 配送方式

配送方式是指在局部范围内实行的有组织有计划的送货活动。具体有三种配送方式：单一品种多用户联合送货、多品种单用户联合送货和多品种多用户联合送货。配送按配送主体不同，分为生产企业自己配送（生产企业自己配送，需要自设仓库，自己运输，是许多资金雄厚的大企业采取的配送模式，适合于连锁经营的企业），生产企业委托第三方物流公司或配送中心进行配送（外包配送），企业不用自设仓库、自己运输（产成品下线以后直接由配送中心装运发走，或者存放到配送中心仓库，或者直接配送到用户，这一种配送方式可以实现生产企业的零库存供应）。

3. JIT 方式

JIT 方式（just in time）即准时化送货，又称为同步生产，看板供应。其特点为客户企业和供应商都实行零存生产。

4. VMI 方式

VMI 方式（vendor managed inventory）是一种以用户和供应商双方都获得最低成本为目的，在一个共同的协议下由供应商管理库存，并不断监督协议执行情况和修正协议内容，使库存管理得到持续地改进的合作性策略。这种库存管理策略打破了传统的各自为政的库存管理模式，体现了供应链的集成化管理思想，适应市场变化的要求，是一种新的、有代表性的库存管理思想。其特点是对于用户来说更大程度降低了库存风险（甚至完全没有了库存风险）、增加了市场响应速度，提高了经营效率。对于供应商来说，则承受着库存风险、承担着库存积压和库存缺货所造成的损失，还要采取高频次小批量的送货方式，增加了物流成本。

三、销售物流流程

销售物流归根到底是由客户订单驱动的，而物流的终点又是客户。因此，在销售物流之前，企业要进行售前的各种市场活动，包括确定客户（潜在客户、目标客户）、与客户的联系、产品展示、客户询价、报价、报价跟踪等。所以，从企业方面来看，销售物流的第一环节应该是订单管理，即在客户接受报价后就开始处理销售订单，订单记录了客户的需求、订货的价格，还要检查客户信用度和可用的物料。然后，根据销售订单实施其他物流业务。若有库存，则生成产品提货通知单，物流配送部门根据提货通知单生成物流配送单，进行销售运输，组织配送等；若没有库存，生成产品需求单（包括采购单），再把信息传递给生产物流管理系统或供应物流管理系统。企业销售物流流程如图 3-1 所示。

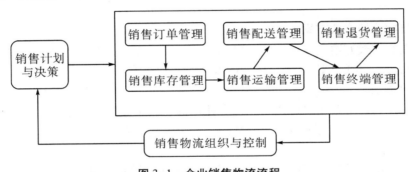

图 3-1 企业销售物流流程

任务实施

1. 学生以小组为单位，为新科公司设计配送流程设计。
2. 任务成果以流程图形式提交。

任务评价

完成任务评价表，见表 3-1。

表 3-1　任务评价

项目	评价标准	分值	自我评分	小组评分	教师评分
专业能力 50 分	销售物流的基本概念、特点	10 分			
	销售物流的类型及方式	10 分			
	销售物流的业务流程	15 分			
	销售物流实施要点	15 分			
方法能力 20 分	获取信息能力	5 分			
	解决问题能力	5 分			
	独立工作能力	10 分			
社会能力 20 分	团结协作能力、人际交往能力、职业适应能力、语言表达能力、规范行为能力等社会能力	20 分			
思政感悟 10 分	了解销售物流科学决策和管理方式，对中国物流充满信心；树立服务销售物流新格局的社会责任感	10 分			
综合得分		100 分			
评语（请完成评价后进行评语撰写，可以就课堂表现中的优缺点、掌握的知识与技能、方法能力与社会能力等情况进行评价）					

知识检测

一、判断题

1. 销售物流当中的产品包装主要需要考虑运输、仓储空间的利用和易于保护及搬运的可操作性。　　　　　　　　　　　　　　　　　　　　　　（　　）

2. 销售物流是企业物流的一个重要环节，既要承接生产又要面向用户或消费者。

（　　）

3. 网上销售的配送方式与传统销售有着本质的区别。　　　　　　　　（　　）

4. 在代销模式中，销售商拥有商品的所有权。　　　　　　　　　　　（　　）

5. 销售物流管理就是对销售物流活动的计划、组织、指挥、协调和控制。　　（　　　）

6. 无论是生产企业还是流通企业，满足客户或消费者的需要并将生产资料或产品送达需求方的物流过程，就是销售物流。一方的销售物流便对应着另一方的外部供应物流。
　　　　　　　　　　　　　　　　　　　　　　　　　　　　（　　　）

7. 销售物流的服务是销售过程中的一部分，顾客满意度的高低直接影响着顾客忠诚度，进而影响销售。　　　　　　　　　　　　　　　　　　　　（　　　）

二、单项选择题

1. 销售物流必须是以（　　　）为前提的。

　　A. 企业战略　　　　　　　　　　B. 销售
　　C. 物流　　　　　　　　　　　　D. 物流运营规划

2. 超市的销售物流主要是（　　　）。

　　A. 内部供应物流　　　　　　　　B. 将商品配送给消费者
　　C. 配送到下级客户　　　　　　　D. 运输商品给生产企业

3. 以下关于电子商务销售模式，描述不正确的是（　　　）。

　　A. 分为 B2B、B2C 等销售模式
　　B. 产品不是通过样品或货架进行展示
　　C. 退货比一般销售渠道简单
　　D. 产生了新的资金流方式

4. 在产业链上物流管理可以被分为三个阶段，供应物流、生产物流以及销售物流，其中销售物流包括（　　　）。

　　A. 在制品库存管理　　　　　　　B. 产成品库存管理
　　C. 原材料库存管理　　　　　　　D. 零部件的库存管理

三、多项选择题

1. 销售物流的环节包括（　　　）。

　　A. 产品包装　　　　　　　　　　B. 产品储存
　　C. 产品生产　　　　　　　　　　D. 装卸搬运
　　E. 运输和配送

2. 销售物流的内容包括（　　　）。

　　A. 流通加工　　　　　　　　　　B. 网络规划与设计
　　C. 物流信息管理　　　　　　　　D. 产品设计
　　E. 客户服务

3. 以下（　　　）内容属于销售物流运作管理。

　　A. 物流业绩的检查　　　　　　　B. 规划物流布局
　　C. 物流人员的管理　　　　　　　D. 物流技术的开发
　　E. 设计库存方案

四、论述题

生产企业与销售企业的销售物流的不同特点。

任务2　销售物流方案设计

学习目标

1. 知识目标

■ 了解销售物流方案。

■ 熟悉配送问题及路径规划问题的设计思路。

2. 能力目标

■ 能够完成配送路径规划。

■ 能够制订销售物流方案。

3. 素养目标

■ 能够掌握理论与实践相结合的学习方法。

■ 能够提升分析能力、表达能力、文字处理能力及团队合作能力。

■ 能够提升销售物流管理能力及物流职业能力。

■ 形成严谨认真的工作态度。

4. 思政目标

■ 了解销售物流科学决策和管理方式，对中国物流充满信心。

■ 树立服务销售物流新格局的社会责任感。

建议学时

4 课时

学习课件

任务描述

新科公司是一家针对中国消费者的电脑产品设计生产制造公司，该公司在广东东莞拥有电脑生产基地，有自己的配送中心负责物流运输配送工作。现有 2022 年 9 月 1 日配送的订单，要求按订单中的商品配送到客户手中。该配送中心本次配备的运输车辆可一次配载 8 000 台笔记本电脑。客户名称及订单需求见表 3-2。请设计新科公司本次的配送需求计划，并设计配送路线。

表 3-2 客户名称及订单需求

客户名称	商品	型号	数量/台
A 直营店	笔记本电脑	A101	100
B 经销商	笔记本电脑	A101	120
C 超市	笔记本电脑	A102	50
D 卖场	笔记本电脑	A101	60
E 卖场	笔记本电脑	A101	20
F 超市	笔记本电脑	A102	50
G 经销商	笔记本电脑	A101	60
H 直营店	笔记本电脑	A102	80
I 经销商	笔记本电脑	A101	100
J 超市	笔记本电脑	A102	80
K 卖场	笔记本电脑	A101	30

任务分析

一、销售物流方案

（一）销售物流方案概念

销售物流是企业物流系统的最后一个环节（包装、运输和储存等环节的统一），也是企业物流与社会物流的衔接点（企业在销售过程中将产品的所有权转给用户的物流活动，实现产品从生产地到接收地的时间和空间的转移），配合企业的销售系统共同完成产品的销售任务，以满足消费者的需求，实现产品的价值和使用价值。

销售物流方案是指从事销售物流活动的销售物流配送项目和销售物流配送运作的总称。销售物流方案的主要任务包括某个具体销售物流配送活动的方案（如受客户委托对某个产品的具体配送活动做出规划和实施计划）及解决销售物流配送活动中问题的方法和具体运作的描述。销售物流方案是针对具体的销售物流服务需求做出的，虽然不同的销售物流活动所产生的服务需求各不相同，导致每个销售物流方案也各不相同，但方案的制订应包括资源筹措、实施时间、地点、方式、要求、状况等内容，并应考虑订单处理、出入库管理、货物交接、运输工具选择、线路规划等方面的问题。

（二）销售物流方案主要构成项目

1. 资源筹措方案

为了满足客户需求，按时按量完成商品配送，必须保证企业"产供销"过程中信息透明流畅。企业的采购须在客户需求计划的协调下，考虑商品零部件订货成本、储备成本、缺货损失费用、运输时间等各种费用和因素，科学确定合理的采购批量及生产数量。

2. 实施时间、地点、方式、要求、状况的规定

实现合理化配送应先实现准时化管理，包括计划、采购、配送与需求方保持一致，实现统一分配与调节，通过现代化管理与信息化技术保证统一管理，并保证运行过程透明公开，以提高销售物流管理的安全性和响应敏捷性。通过以上支持活动，确保生产与销售预测准确、库存量设定合理、各环节调控及时、生产与物流活动经济合理、服务流程与标准完善，帮助客户在适当的时间和适当的地点获得所需质量与数量的货物和服务，从而提高顾客满意度。

3. 销售物流方案的拟定

销售物流方案包括客户的送达地、接货人、接货方式等的要求，并通过所需配送的各种货物的性能、运输条件、需求数量的分析确定运输方式及相应的运载工具等。

4. 配送路线选择

配送路线是指送货车辆向客户送货时所要经过的运输路线。由于配送路线对配送速度、成本、效益有很大的影响，所以应根据配送货物的数量、特性、客户的地理位置、距离、交通状况、运送成本、客户对配送服务的时间要求等因素选择科学合理的方法来优化配送路线。

试一试

销售物流操作方案

一、目前成品收发货流程

市场部制订销售计划→制造部生产、市场部建立销售订单→审核发货计划→下达并执行发货计划→联系物流服务商→扫码、装车、运输→交货→物流服务商将信息反馈。

二、销售物流接管原则

1. 直接接管销售物流，平稳过渡。

2. 外租库物流服务商只对物流管理部负责，依据物流管理部有效收发货指令后进行收发货作业。

3. 市场部收集预测处理传递市场需求信息，审核信贷额度。

4. 物流部接收市场部的成品发货信息，制订发货计划，发布收发货指令，执行收发货计划。

5. 本地自有成品库并入物流管理部仓储库统一管理。

6. 样机的收发货仍由研发中心和营销技术部负责，返品物流仍然按现在流程操作。

资料来源：佚名. 接管销售物流操作方案［EB/OL］.（2021-11-13）［2023-01-04］. https://mbd. baidu.com/ma/s/SonGmjOT.

要求：

阅读该销售物流操作方案，分析成品收发货流程是否完整，如有欠缺，请补充完整，优化完善方案。

二、销售物流配送路线规划—循环取（送）货法

（一）介绍

循环取（送）货法是一种物流中常用的配送模式，要求承运人携带须从客户返还给供应商的货物出发，依次到达每个供应商，将返还给供应商的货物卸下并装载上须从供应商处收集的货物回到客户处。

循环取（送）货法适合多个装货点（集中）、一个卸货点或者多个装货点（集中）一个卸货点的配送任务，且每个客户需要取货或送货的货物数量相对较小，同一条线路上所有客户的取（送）货总量不大于指派车辆的额定载重量。

（二）实操步骤

找装卸点 → 确定运输需求量 → 确定最大配载量 → 分配配送区域/门店 → 规划配送路径

试一试

某牛奶公司分别对 A 市 10 间学校供应牛奶，每周一供应。10 间学校的周需求量分别是 25 箱、45 箱、30 箱、55 箱、60 箱、85 箱、45 箱、75 箱、65 箱、30 箱。派送车的额定载重量为 100 箱。请进行配送方案规划，并设定运输路径供司机参考。

任务实施

1. 学生以小组为单位，查看案例数据，完成配送需求计划设计与配送路线规划。
2. 任务成果提交电子版成果。

任务评价

完成任务评价表，见表 3-3。

表 3-3 任务评价

项目	评价标准	分值	自我评分	小组评分	教师评分
专业能力 50 分	销售物流操作流程	10 分			
	销售物流方案制订	20 分			
	配送路线规划	20 分			
方法能力 20 分	获取信息能力	5 分			
	解决问题能力	5 分			
	独立工作能力	10 分			
社会能力 20 分	团结协作能力、人际交往能力、职业适应能力、语言表达能力、规范行为能力等社会能力	20 分			
思政感悟 10 分	了解销售物流科学决策和管理方式，对中国物流充满信心；树立服务销售物流新格局的社会责任感	10 分			
综合得分		100 分			
评语 （请完成评价后进行评语撰写，可以就课堂表现中的优缺点、掌握的知识与技能、方法能力与社会能力等情况进行评价）					

知识检测

一、判断题

1. 销售物流是包装、运输的统一。（　　）

2. 销售物流应考虑销售订单的货物信息。（　　）

3. 循环取（送）货法同一条线路上所有客户的取（送）货法总量不小于指派车辆的额定载重量。（　　）

4. 销售物流方应考虑客户的送达地、接货人、接货方式等要求。（　　）

5. 循环取（送）货法的总货物数量较小。（　　）

6. 循环取货法同一条线路上所有客户的送货总量不大于指派车辆的额定载重量。（　　）

7. 配送中心根据销售信息制定并执行发货计划。（　　）

8. 规划配送方案应协调计划、采购、配送与需求。（　　）

9. 制订销售物流方案只需要货物及运输方式即可。（　　）

10. 合理化配送可提高客户满意度。（　　）

二、案例分析

A 配送公司与某粮油供应商签订了一份长期配送合同，该供应商分别对广州市 10 家餐厅供应规格为 10 kg/包的五常大米，每周一供应。10 家餐厅的周需求量分别是 70 包、35 包、50 包、60 包、85 包、50 包、30 包、25 包、65 包、15 包。派送车的额定载重量为 2 000 kg。请进行配送方案规划，并设定运输路径供司机参考。

任务 3　配送需求计划编制

学习目标

1. 知识目标
- ■ 熟悉配送的定义、类型及使用范围。
- ■ 掌握运输与配送的区别。
- ■ 掌握 DRP 的使用范围及操作流程。

2. 能力目标
- ■ 能够根据销售情况编制配送需求计划。

3. 素养目标
- ■ 能够掌握理论与实践相结合的学习方法。
- ■ 能够提升分析能力、表达能力、文字处理能力及团队合作能力。
- ■ 能够提升销售物流管理能力及物流职业能力。
- ■ 形成严谨认真的工作态度。

4. 思政目标
- ■ 了解销售物流科学决策和管理方式，对中国物流充满信心。
- ■ 树立服务销售物流新格局的社会责任感。

建议学时

4 课时

学习课件

任务描述

　　新科公司是一家针对中国消费者的电脑产品设计生产制造公司。现收到客户的订单，根据客户订单（见表 3-4），完成 DBP（配送需求计划）需求与库存处理逻辑（见表 3-5）

和 DRP 订货进货与库存处理逻辑（见表3-6），并编制配送计划。

表3-4 客户订单　　单位：台

客户名称	需求项目	第1周	第2周	第3周	第4周	第5周	第6周	第7周	第8周
A商场	电脑整机	200	240	180	220	240	200	160	240

表3-5　DBP 需求与库存处理逻辑　　单位：台

时间	期前	第1周	第2周	第3周	第4周	第5周	第6周	第7周	第8周
需求主计划		200	240	180	220	240	200	160	240
计划库存	1 000	800	560	380	160	−80	−280	−440	−680
到货计划									
订进计划									
送货计划									

注：商品 A，订货批量 600，送货提前期 1，进货提前期 2，安金库存 400。

表3-6　DRP 订货进货与库存处理逻辑　　单位：台

时间	期前	第1周	第2周	第3周	第4周	第5周	第6周	第7周	第8周
需求主计划		200	240	180	220	240	200	160	240
计划库存	1 000	800	560	380	160	−80	−280	−440	−680
到货计划				600			600		
订进计划		600			600				
送货计划		240	180	220	240	200	160	240	

注：商品 A，订货批量 600，送货提前期 1，进货提前期 2，安全库存 400。

任务分析

一、配送需求计划

配送需求计划（distribution requirement planning，DRP）是既保证有效地满足市场需要，又使得物流资源配置费用最省的计划方法。它是 MRP 原理与方法在物资配送中的运用，主要解决配送物资的供应计划和调度问题，是一种"准时"供应的思想。配送需求计划是流通领域中的一种物流技术，是 MRP 在流通领域应用的直接结果。

配送需求计划主要应用于两类企业。一类是流通企业，如储运公司、配送中心、物流中心、流通中心等；另一类是具有流通部门承担分销业务的企业。这两类企业的共同之处是以满足社会需求为宗旨，依靠一定的物流能力（储、运、包装、搬运能力等）来满足社会的需求，从制造企业或物资资源市场组织物资资源。

DRP 模式借助互联网的延伸性及便利性，使商务过程不再受时间、地点和人员的限制，企业的工作效率和业务范围都得到了有效的提高。企业也可以在兼容互联网时代现有业务模式和现有基础设施的情况下，迅速构建 B2B 电子商务的平台，扩展现有业务，提高销售能力，实现零风险库存，降低分销成本，提高周转效率，确保获得领先一步的竞争优势。

DRP 是一种更加复杂的计划方法，它要考虑多个配送阶段以及各阶段的特点。DRP 在逻辑上是制造需求计划的扩展。DRP 是在一种独立的环境下运作，由不确定的顾客需求来确定存货需求，是由顾客需求引导的，企业无法加以控制。

二、运输与配送的区别

运输是指用特定的设备和工具，将一定形状、质量、体积的物体，从一个地点向另一个地点安全地按时运达的物流活动，它是在不同地域范围内，以改变物体的空间位置为目的对物体进行的空间位移。通过这种位移创造商品的空间效益，实现其使用价值，满足社会的不同需要。运输是物流的中心环节之一，也是现代物流活动最重要的一个功能。

配送是指在经济合理区域范围内，根据客户要求，对物品进行拣选、加工、包装、分割、组配等作业，并按时送达指定地点的物流活动。

试一试

请对表 3-7 "运输与配送的区别" 中空白内容进行完善，分析运输与配送的区别。

表 3-7　运输与配送的区别

对比项	配送	运输
订单特性	典型的____（多/少）批次、__（大/小）批量，80%的订单小于 20 箱	常规经销商订货量__（大/小）于 500 箱，DC、SDC 调拨量及大经销商订货量以 1 500 箱（12.5 米，30 吨整车）为主
收货客户	一般为 KA 点、卖场、超市及个人等	
收货特性	零库存收货，收货时间段____（短/长），通常为 8:00~18:00。收货程序复杂、难度大，排队等候时间长	收货时段____（短/长），通常为 8:00~22:00。收货程序较简便，等候时间较短
送货时限	送货时限____（短/长），订单下达后 24 小时到货，否则可能会使订单作废，处罚严重	视距离远近，送货时限 1~5 天，相对要求宽松
送货半径	同城运输 1 千米半径内	常规跨区域 1 000 千米半径内，部分产品会在全国范围甚至国际范围
运输工具	一般为____、4.2~6.8 米厢式货运卡车	一般为 8~18 米各类型卡车以及____、____、飞机（快件）等
回单需求	订单下达后____小时签单返回	通常回单要求订单下达次日起____天

三、DRP 的使用范围和操作流程

（一）DRP 的使用范围

DRP 的发展经过了三个阶段。第一阶段是分销需求 DRPI，即物流计划方法；第二阶段是 DRPII，即物流资源计划方法；第三阶段是 DRP Ⅲ，即物流资源获得能力分析方法。基本 DRP 就是 DRPI，而 DRP 是 DRPII 和一些 CAD 系统、专家系统、管理信息系统、管理决策系统集成的系统，称为集成分销资源计划。

DRP 在两类企业中可以得到应用。一类是流通企业，如储运公司、配送中心、物流中心、流通中心等。这些企业的基本特征是，不一定做销售，但一定有储存和运输的业务，它们的目标是在满足用户需要的原则下，追求有效利用资源（如车辆等），达到总费用既从事生产又从事流通，产品全部或一部分自己销售。企业中有流通部门承担分销业务，具体组织储、运、销活动。另一种企业既有生产也有流通，产品全部或一部分由企业自身销售。因此，企业有流通部门承担分销业务，并组织存储、运输、销售活动。

（二）DRP 的操作流程

就物流中心来说，要决定某种商品的需求量，首先需要查询该产品的预测需求量，其次检查该商品的库存量并计算库存能够维持多长时间。如果需要维持一个安全库存，就必须将它从计算维持时间的库存中扣除。物流中心 DRP 操作流程如图 3-2 所示。

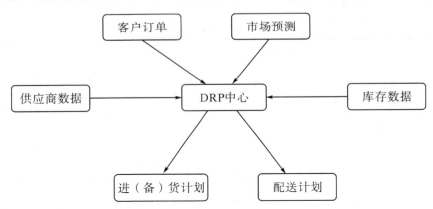

图 3-2 DRP 操作流程

若没有在途商品，这里计算的日期是仓库缺货的日期（如果考虑安全库存则是低于安全库存的日期）。如考虑在途商品，必须将在途商品加入库存以决定库存能够维持的时间，这样库存商品与购进在途商品数量之和所需的日期，就是订货进货到达的最佳日期。商品到达物流中心的日期与中央供应点的装运配送日期可能不一致，这就需要计算供应点的订货进货提前期。这段时间包括本物流中心将订货信息传输到中央供应点的时间，加上由中央供应点到本物流中心的装运、运输时间以及本物流中心的验货收货时间等。进货批量应当是规定的订货批量。

　　对物流中心送货的处理也应该参考送货提前期来确定送货日期。即由用户的需求日期倒推送货提前期，以确定本物流中心向用户的送货日期。

　　这样，既确定了本物流中心向供货方的订货进货日期和数量，又确定了本物流中心向需求方送货的日期和数量，如此物流中心的工作计划就可以确定了。这个过程就是 DRP 在物流中心的运作过程。

1. 不考虑在途商品的情况

　　现 L 物流中心有商品 A 库存 1 000 单位，安全库存为 400 单位，每周需求量为 160～240 单位。从表 3-8 中可以看出，计算逻辑是现在库存减去每周的预测需求量（需求主计划），不考虑在途商品时，物流中心可能在第 5 周出现缺货。如果不从中央供货点运送商品到 L 物流中心，物流中心在第 3 周必须得到更多的补货，否则将出现缺货。在本例中，进货提前期是 2 周，而正常的进货批量是 600 单位。2 周时间是从中央供应点到物流中心的进货时间，600 单位正好是两个满负荷运输台班。因此，应把批量 600 单位的商品在第 3 周运抵物流中心，这批商品则必须在第 1 周从中央订货点装运出发。

　　由表 3-8 所知，当第 3 周货物到达后，需重新计算计划库存，发现第 6 周的计划库存为 320 单位，又低于安全库存。所以物流中心要求第 6 周必须有一批商品到货，同样这批商品必须在第 4 周从中央订货点装运发出。

　　另外，可以用同样的方法，求出送货计划，即由用户的需求日期提前一个送货提前期就可以确定送货日期。送货量就等于用户的需求量（这里假设用户需求量要求全部配送，如果不是全部配送，则送货量就不等于需求量，可以进行临时调整）。本中心该产品的送货提前期是 1 周，所以把每周的需求量提前一周就得到送货日期和送货量。

2. 考虑在途商品的情况

　　上面的例子没有考虑在途商品，如果考虑在途商品的情况下，该如何确定送货计划和订货进货计划呢？如表 3-8 所示。

表 3-8　DRP 在途商品的处理逻辑

时间	期前	第 1 周	第 2 周	第 3 周	第 4 周	第 5 周	第 6 周	第 7 周	第 8 周
需求主计划		200	240	180	220	240	200	160	240
送货在途到货		100							
计划库存	1 000	1 000	1 360	1 180	960	720	520	960	920
进货在途到货			600						
到货计划								600	
订进计划						600			
送货计划		240	180	220	240	200	160	240	

注：商品 A，订货批量 600，送货提前期 1，进货提前期 2，安全库存 400。

新科公司产品 A 这个计划期的期前送货在途量为 200 单位，预计在计划期第 1 周到达用户，而期前订货进货在途量为 600 单位，预计在第 2 周到达物流中心。因为送货在途将冲减用户需求，从而提高本中心该期库存量，而在途商品将增加本中心库存，减少订货进货次数，这样计算就可以得到上表的结果。在这个例子中，计划期假设为 8 周，而实际的 DRP 系统中，计划期可以延长到 1 年或更长。

3. 完成送货计划

一个物流中心通常有很多种商品，每种商品都可以通过运行 DRP 得到类似的送货计划和订货进货计划（如表 3-9 所示）。把各个品种的送货计划汇总起来，就得到了物流中心总的送货计划表（如表 3-10 所示）。

表 3-9　新科公司物流中心 A 送货计划

时间	第 1 周	第 2 周	第 3 周	第 4 周	第 5 周	第 6 周	第 7 周	第 8 周
A 送货计划	240	180	220	240	200	160	240	

表 3-10　新科公司物流中心总送货计划

时间	第 1 周	第 2 周	第 3 周	第 4 周	第 5 周	第 6 周	第 7 周	第 8 周
A 送货计划	240	180	220	240	200	160	240	
B 送货计划	200	140	220	300	200	140	200	
C 送货计划	40	100	200	200	200	160	240	
D 送货计划	20	180	240	260	200	180	300	
E 送货计划	240	200	220	240	200	160	240	
合计	740	800	1 100	1 240	1 000	800	1 220	

想一想

可口可乐的新配方物流

在竞争激烈而残酷的饮料市场，可口可乐之所以长盛不衰，靠的不只是口味和神秘的饮料配方，其独特的商业运作正在不断勾兑出取胜市场的新配方。

雪碧与七喜的味道相差无几，但两者的全球销量却有着天壤之别。地处北京东郊定福庄的"家人乐"小店是北京郊区再典型不过的夫妻店，店内只有可口可乐和雪碧，老店主对此的解释是："都是一样的东西，可乐（可口可乐）和雪碧拿货容易。"简简单单的一句话，道出了可口可乐中国公司在国内市场操作成功的精髓——利用强大的物流销售网络直接触及市场终端。

1. 可乐流到夫妻店

可口可乐在中国拥有三大合作伙伴——嘉里、太古和中粮，共 36 家灌装厂分布在全国不同区域，而相应灌装的产品也在各自划分区域内销售，严格禁止串货（跨区销售）。

同时三大合作伙伴除了经营各厂生产，还要负责所处地区的销售工作。可口可乐会给三大合作伙伴规定产品的最低限价，但不参与分配每瓶饮料的利润，只收取"浓缩液"费用，因而对于各合作伙伴分厂来说，卖得越多赚得也越多。

嘉里集团下属的山东可口可乐灌装厂，地处青岛，负责整个山东市场。得知百事可乐决定在山东设厂的消息后，为了保持在山东市场的绝对优势，可口可乐发起了一场地盘保卫战。在济南、青岛两地爆发的可乐大战，至今令人难以忘怀。2.25升的大瓶可口可乐价格一度滑落到 2.5 元，该产品的价格调整不是按照星期或天进行的，而是按小时浮动的。饮料销售商和宣传阵地的争夺不断升级，甚至爆发了百事员工围攻可口可乐山东办事处的激烈场面。

抢购可乐的消费者们并不知道，可口可乐在山东的阵地战，远不止"价格大斧"一种武器。尤其是在 2002 年百事强力进军济南设厂后，庞大的可口可乐物流营销网络发挥着重要的作用。

可口可乐对销售终端把控极紧，竞争对手在饮料零售市场稍有动作，立刻可以第一时间察觉，这主要归功于严格的渠道销售管理。可口可乐在全国大力开发合作伙伴，把中间商一层一层地剥离掉，推行直销。虽然销售网络中，仍然存在批发，但批发商不是垄断性的大批发，而是采取分解的方式将批发商控制在很小的规模，对所有的超市、大中型零售商全部直接送货。可口可乐的这种直销方式，大大提高了其市场感应能力。

营销和物流总是矛盾的，如果在销售环节设立大批发商，生产出的可口可乐全部送到批发商，再由批发商销售，这样做，可口可乐公司物流成本会很低，但是公司无法完全控制市场。为了全面控制市场，可口可乐的物流全部由灌装厂自身完成。同时，可口可乐决不放弃任何一个小的零售商，哪怕是最小型的夫妻店。为此，可口可乐推行了"金钥匙伙伴"（gold key partner，GKP）计划，在一定区域内找一家略大的零售商，可口可乐将货直接运送给 GKP，再由 GKP 完成最后对超小型零销商的配送工作。GKP 送货费用由可口可乐及其合作支付。GKP 负责的全部是规模很小的店铺，而所有的超市和大一点的零售商则全部掌握在可口可乐手中。超市的数量及名单在公司内部也是限级别掌握的，一些副总裁级的员工甚至不清楚合作商的大体数字。

20 世纪八九十年代，可口可乐进入中国之初，各种营销创意似乎都在着力渲染可口可乐配方的神秘莫测，以此吊起人们探究的胃口，引导消费者对可乐产生兴趣。但在可口可乐公司内部，其实早已把对市场的感应能力确定为核心竞争力。因此，在全球不同地方的可乐大战中，可口可乐总是胜多负少。

2. 物流包袱

能够在有效控制成本的前提下真正实现直销，确实不是一件容易的事。饮料属于典型的快速消费品，其特点是生产集中，销售分散。前者是要借助规模效应降低制造成本；而后者则是由于消费人群发散分布，导致物流成本加大。在产品特点上，饮料的运输单元体积庞大，但单位货值较小。以一辆 8 吨的运输卡车为例，拉一车可乐可能只有 8 000 多元的货值，与彩电、冰箱或者手机相比差距很是明显。同时，饮料运输损耗相对严重，时间要求高。运输过程中对货龄（从生产日期到目前的时间）要求近于苛刻。在大型超市，货龄超过1周的饮料已经不受欢迎了，超过一个月货龄的饮料会成为滞销品。可口可乐与大的超市销售商有一个约定，超过一定时间的货可以免费更换，这也给企业带来了很大的损失。2001年，可口可乐一家中国灌装厂因为产品货龄超期，一次就销毁了价值80多万元的饮料。外部要求苛刻，内部同样严格。可乐塑料瓶使用的PET材料的特性决定了瓶子里面的二氧化碳压力会随保存时间的增加而逐渐降低，货龄越长，品质越低，口感越差。为了保证质量，可口可乐中国公司会到市场进行抽检，一旦查出不符合要求的情况，就会对灌装厂提出警告。但实际上，要真正做到确保货龄不超过1周，难度是相当大的。

3. 成本经

通过物流环节的改善为公司赢得市场竞争力，是商务运作中的成功经验。每瓶可乐的成本构成主要有三块：生产成本、销售广告成本和物流成本。对于嘉里集团这样的合作伙伴来说，生产成本是最高的；销售广告成本与可口可乐中国公司共同承担，是第二大成本；作为第三大成本的物流成本也是不容忽视的。根据可口可乐原高层员工估算，物流成本占一瓶可乐成本的20%~30%。按此推算，每瓶销售价格接近6元的2.25升可乐，利润只有几毛钱，物流成本就超过1元。

学会控制成本，首先是找好压缩成本的空间，向合作伙伴销售浓缩液是可口可乐公司的主要利润来源。对于嘉里这样的大合作伙伴，从机器生产设备、检测设备等，全部从可口可乐指定的全球厂商订购，价格相当昂贵。而且可口可乐对灌装厂生产工艺流程要求非常严格，品质控制比普通品牌饮料的要求要高，灌装厂很难在生产环节做"节流"文章。同时，为了适应市场竞争的要求，饮料业在生产环节开始推行柔性化生产，单次生产批量越来越小，这就在一定程度上降低了规模化生产带来的成本效益。与这种柔性化生产相配套的敏捷物流，也不再具备以往规模效应的优势。生产成本只能在管理环节控制。通过提高生产管理系统的柔性来抑制成本的上升。由原来的每条生产线配置一班工人，改变为三条生产线配置两班工人，提高了员工的工作效率。饮料市场的竞争越来越激烈，促销活动越来越频繁，促销的费用也越来越多，在可口可乐售价不提升的情况下，也就相当于隐性降价。

分析以上所有的方面，物流是唯一可以降低的成本。灌装厂选择借助信息系统来管理物流。

4. 发现问题

以嘉里集团山东可口可乐灌装厂为例，其2000年开始进行物流管理调整，建立了信息系统，提高了运营指标，降低了成本；更为重要的是，通过物流规划，检查出管理中存在的诸多问题。

在推行物流管理体系之前，仓储部负责仓库，运输部负责车辆运输，采购部只负责原材料和料采购，生产部只负责生产计划，几大部门相互独立，各部门经理都是平级，他们中间缺乏沟通与协调，内部信息流不通畅。

饮料销售行情淡、旺季差异明显，夏季销量非常大，冬天的销量就非常小。因为生产能力有限，厂里4条生产线全部开动起来也只能供应7天货源，在需求旺季往往因为供不应求而损失订单。如果市场部和销售部再来一个促销，大量订单涌来就更有可能损失订单。各个可乐经销商也都有自己的营销计划，可口可乐的断货会极大地影响客户的利益，从而会导致市场丢失。如果旺季订不到货，淡季又向客户压货，更会极大地降低客户满意度。

与所有其他的企业一样，市场、销售、生产、物流配送等，都是需要紧密配合的，可口可乐也不例外，甚至表现得更加突出一点。市场销售计划要与生产能力相匹配，整个公司供应链要协调起来。生产和物流都要跟随市场而变化，制订敏捷的应变措施。

在做物流之前，嘉里集团的每一个部门独立运作。例如，采购部门为减少自身工作量，会增加单次订货数量，供应商也愿意大批量、少次数发货。但是PET空瓶在夏季保质期只有一个月，一旦因为某些原因销量减少，瓶子一个月内用不完，就会大批报废，包装箱也是如此。市场部制订的活动变化过快，初夏用一个明星的版面包装，仲夏却换了其他形象代言人。因为市场部和采购部之间的沟通不够，导致采购部订购的一大批包装物也就全部作废了，这样的事件时有发生。

5. 打通信息流

为了解决信息沟通及其带来的各种问题，嘉里集团首先在各个灌装厂推行了物流会议的制度，仓储、运输、采购、生产、销售等部门的领导每周召开一次会议，交流信息，解决问题。其次，建立了物流部门，把仓储、运输、综合计划等部门合并起来，从根本上解决了信息沟通的问题。

不断完善内部管理信息系统，也是可口可乐中国公司取胜的法宝。可口可乐在全球所有灌装厂推行一套BASIS系统，这是一套以销售为中心的信息系统，考虑到不同国家和地区市场环境的特殊性，以及财务管理、人力资源管理方面的差异性，各分公司或合作伙伴可根据自身需求进行二次开发，增加系统的功能。

嘉里集团在原有的BASIS系统中增加了存货管理（后扩展为仓储管理），加入了运输和配送系统，以及一些细节管理，如冷饮设备及配件的管理等。

通过物流信息系统的建立和运行，嘉里下属可乐灌装厂的存货规模明显减少；存货周转率大幅度提高；营运周期大幅度降低；市场上的平均货龄大大缩短；运输过程中，车辆的空载率也大幅度缩小。该系统还不断促进公司日常生产业务的改善。系统会根据产品销量历史数据进行分析和预测，制订需求与营运计划。预测系统中所记录的历史数据非常详尽，包括区域、时间、SKU（可口可乐产品品种单位，即哪一种产品，其中SKU不但要关注355毫升的芬达，甚至还要包括具体是哪种包装的产品）、销量、其他竞争对手活动造成的影响等。系统给出预测结果后，相关人员还会考虑当年温度的因素进行调整，使市场预测的结果更为可靠。根据预测的销量推算出库存计划，在所有的营业所（灌装厂在本省设立的销售部，山东全省有5~6个营业所覆盖全省）每一天什么样的SKU应该有多少，都有明确的指标。按照库存计划制订配送计划，并确定生产计划。可口可乐实行的是以销定产，核心是充分挖掘销售潜力和完善物流配送系统，保证物流全速顺畅运转。

可口可乐公司针对销售合作伙伴建立的直销系统，大大提高了市场感知能力，而不像一些中小型饮料企业，会受到大渠道分销商的过度制约。

资料来源：张庆英. 物流案例分析与实践［M］. 3 版. 北京：电子工业出版社，2018.

1. 分析本案例，可口可乐在中国市场成功的关键是什么？

2. 为全面控制市场，可口可乐的销售物流采取了什么方法？

3. 可口可乐是如何有效地进行成本控制的？

4. 嘉里集团如何解决各部门信息沟通不畅的问题？问题解决后，哪些方面得到了改善？

任务实施

1. 学生以小组为单位，根据订单数据和企业库存信息，完成 DBP 需求与库存处理逻辑表和 DRP 订货进货与库存处理逻辑表。

2. 根据题目要求，完成编制配送计划。

任务评价

完成任务评价表，见表 3-11。

表 3-11　任务评价

项目	评价标准	分值	自我评分	小组评分	教师评分
专业能力 50分	配送需求计划的拟定	5分			
	配送计划的修改与升级	5分			
	配送计划的确定	5分			
	根据客户及商品的发货量选择不同的配送计划	20分			
	对销售物流配送进行日常的有效管理	15分			
方法能力 20分	获取信息能力	5分			
	解决问题能力	5分			
	独立工作能力	10分			
社会能力 20分	团结协作能力、人际交往能力、职业适应能力、语言表达能力、规范行为能力等社会能力	20分			

表3-11（续）

项目	评价标准	分值	自我评分	小组评分	教师评分
思政感悟 10分	了解销售物流科学决策和管理方式，对中国物流充满信心；树立服务销售物流新格局的社会责任感	10分			
	综合得分	100分			
评语 （请完成评价后进行评语撰写，可以就课堂表现中的优缺点、掌握的知识与技能、方法能力与社会能力等情况进行评价）					

知识检测

一、判断题

1. 配送需求是指一定时期内客户由于经营需要，而产生的对物体在时间和费用方面的总要求。　　　　　　　　　　　　　　　　　　　　　　　　　（　　）

2. 配送需求包括量和质两个方面，即从配送规模和配送服务质量中综合反映出配送的总体需求。　　　　　　　　　　　　　　　　　　　　　　　　　（　　）

3. 配送规模是配送活动中订单处理、库存、运输、装卸搬运、流通加工等配送作业量的总和。　　　　　　　　　　　　　　　　　　　　　　　　　（　　）

4. DRP 在逻辑上是制造需求计划的扩展，这两种技术之间不存在根本性的差异。
　　　　　　　　　　　　　　　　　　　　　　　　　　　　　　　　（　　）

5. DRP 的存货计划对配送设施之间的运输的完成周期没有明确要求。　（　　）

6. 拣选是配送中心作业活动中的核心内容。　　　　　　　　　　　　（　　）

7. 流通加工是流通中的一种特殊形式，是在流通领域中对生产的辅助性加工，从某种意义上来讲，它不仅是生产过程的延续，更是生产本身或生产工艺在流通领域的延续。
　　　　　　　　　　　　　　　　　　　　　　　　　　　　　　　　（　　）

8. 仓储环节是分拣活动的延续。　　　　　　　　　　　　　　　　　（　　）

9. 物流经营者应根据客户特征，如配送产品特性、地理分布等，合理定位配送区域，同时对不同的配送区域可采取差别性的配送服务政策。　　　　　　　　（　　）

10. 配送中心是接受生产厂家等供货商多品种大量的货物，按照多家需求者的订货要求，迅速、准确、低成本、高效率地将商品配送到需求场所的物流结点设施。（　　）

二、单选题

1. 配送过程中实现空间转换的中心环节是（　　　）。

　　A. 货物运输　　　　　B. 库存　　　　　　　C. 运输　　　　　　　D. 装卸搬运

2. 按订单或出库单的要求，从储存场所选出物品，并放置在指定地点的作业是（   ）。

    A. 分货   B. 拣选   C. 流通加工   D. 保管

3. 配送中心也可以看作是流通仓库，同保管型仓库相比，下列（   ）不是流通仓库的主要特点。

    A. 保管空间占一半，其他功能占一半空间

    B. 货物的状况与信息一致

    C. 以保管为主体，平面摆放

    D. 多物流功能

4. 下列（   ）不属于配送中心的主要功能。

    A. 储存功能   B. 分拣功能   C. 配送功能   D. 计划功能

三、多选题

1. 配送需求研究涉及下列（   ）方面。

    A. 订单处理   B. 库存   C. 运输   D. 装卸搬运

    E. 流通加工

2. 配送服务质量是配送服务效果的集中反映，可以用下列（   ）内容来衡量。

    A. 配送时间   B. 配送费用

    C. 配送效率   D. 配送服务的可得性

    E. 作业绩效

3. 库存控制的目的是（   ）。

    A. 减少超额库存投资   B. 降低库存成本

    C. 保护财产   D. 防止延迟或缺货

    E. 减少呆滞商品

4. 配送中心选址时必须考虑的因素有（   ）。

    A. 保证一定的物流服务水平   B. 配送距离

    C. 配送时间   D. 配送成本

    E. 配送中心的功能

5. 下列（   ）是按经营主体划分的配送中心。

    A. 商业货物配送中心   B. 共同配送中心

    C. 公共配送中心   D. 零售商主导型配送中心

    E. 通过型配送中心

6. 配送信息管理系统应该包括（   ）。

    A. 仓储管理系统（WMS）   B. 车辆调度（跟踪）系统

    C. 配货系统   D. 运输规划系统

    E. 财会系统

项目小结

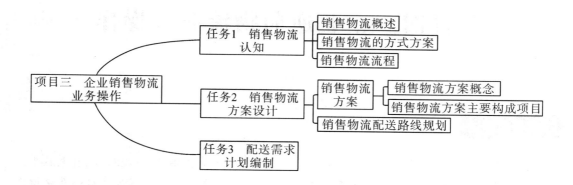

项目四　企业逆向物流业务操作

工作情境描述

　　新科公司是一家针对中国消费者的电脑产品设计生产制造公司。该公司拥有电脑生产基地，并设有自营配送中心，实现产供销一体。同时，随着客户服务程度的提高及环境保护意识的增强，该公司致力于完善逆向物流业务的流程优化。你作为该公司相关物流部门的工作人员，请完成企业逆向物流活动的各项业务。

工作流程与活动

　　任务1　商品回收物流业务操作（4学时）
　　任务2　退货物流业务操作（4学时）
　　任务3　逆向物流方案设计（4学时）

建议学时

　　12课时

任务 1　产品回收物流业务操作

学习目标

1. 知识目标

- ■ 掌握回收物流、废弃物物流的概念。
- ■ 了解回收物流、废弃物物流的物流技术应用。
- ■ 掌握产品回收物流的意义。

2. 能力目标

- ■ 能够掌握回收物流与废弃物物流的应用。
- ■ 能够对产品的回收物流流程进行设计。

3. 素养目标

- ■ 能够掌握理论与实践相结合的学习方法。
- ■ 能够提升分析能力、表达能力、文字处理能力及团队合作能力。
- ■ 能够提升回收物流流程策划能力及物流职业能力。

4. 思政目标

- ■ 了解回收物流的经济意义与社会意义，能秉承节约与合理使用社会资源的原则去思考我国回收物流的未来发展规划。

建议学时

4 课时

学习课件

任务描述

电子产品由宝贵的资源和材料制成，包括金属、塑料和玻璃，所有这些都需要能源来开采和制造。捐赠或回收消费电子产品可以保护我们的自然资源，避免空气和水污染以及由制造原始材料引起的温室气体排放。

随着科技的快速进步，电子产品的更新换代越来越快，根据调查研究发现，电脑的寿命在五年左右。我国每年要淘汰的电脑数量还在持续增加。新科电脑公司近年来根据市场需求，成立了专业的旧机回收部门，此时恰逢新科老客户云景培训机构有一批使用了6年以上的电脑面临更换，待回收处理，请你结合对回收物流的了解帮助新科公司完成此项电脑回收物流的分析与设计。

任务分析

一、回收物流与废弃物物流的产生

随着科学技术的发展和人民生活水平的提高，人们对物资的消费要求越来越高：既要质量好又要款式新。于是被人们淘汰、丢弃的物资日益增多。这些产生于生产和消费的过程中的物质，由于变质、损坏，或使用寿命终结而失去了使用价值。这些排放物一部分可回收并再生利用，称为再生资源，形成回收物流。另一部分在循环利用过程中，基本或完全丧失了使用价值，无法再利用，即废弃物。废弃物经过处理后，返回自然界，形成废弃物物流。

二、认识回收物流

1. 产品回收物流的概念

回收物流（returned logistics）是指在生产、流通、消费各环节中产生的，不再被消费者需要的废旧物品，变成被消费者认可的产品，这一整个过程的所有物流活动。由于消费者和法律的要求，原生产企业对自己产品的回收修复承担起了相应的责任，这意味着物流应该到达主供应链。而这个与传统供应链反向，为价值恢复或处置合理而对最终产品从消费地到起始点的有效实际流动所进行的计划、管理和控制过程就被成为产品回收物流。

2. 回收物流的目的

回收物流的目的就是如何在产品的整个生命周期过程中实现"5R"，即研究（research）、重复使用（reuse）、减量化（reduce）、再循环（recycle）、挽救（rescue）。

三、认识废弃物物流

1. 废弃物物流的概念

废弃物物流（waste logistics）是将经济活动中失去原有使用价值的物品，根据实际需要进行收集、分类、加工、包装、搬运、储存等，并分送到专门处理场所时形成的物品实体流动。它主要指对丧失再利用价值的排放物进行焚烧、掩埋、堆放净化处理所形成的流动形式。

2. 废弃物物流的目的

废弃物物流的主要目的是支持和提高产品的再使用率，其中废弃物物流的目标是：当无视对象物价值或对象物已没有再利用价值时，仅从环境保护的角度出发，尽可能使其对环境和人类健康的危害降到最小。如垃圾，可将其焚烧、化学处理或运到特定的地点堆放、掩埋，而对含有放射物质或有毒物质的工业废物，还要采取特殊的处理方法。

想一想

在日常生活中，你是如何处理废电池的，同时请思考如下问题：

1. 废电池是不是完全就是垃圾？
2. 废电池会对环境造成何种危害？
3. 废电池的哪些部分可以变废为宝？

试一试

现有以下物品：旧报纸、报废汽车、空塑料瓶、旧纸壳包装箱、旧书本、工业废水、菜根果皮、啤酒瓶、过期食品，请对它们进行回收物流和废弃物物流的分类并填入对应虚线方框中。

回收物流类

废弃物物流类

四、产品回收物流的分类与特点

1. 产品回收物流的分类

（1）按材料属性分类，产品回收物流可分为钢铁和有色金属制品回收物流；橡胶制品回收物流；木制品回收物流；玻璃制品回收物流。

（2）按成因、途径和处理方式及产业形态分类，产品回收物流可分为投诉退货；终端使用退回；商业退回；维修退回；生产报废与副品；包装。

2. 回收物流特点

（1）逆返性；

（2）对于退货或召回产品，具有价值递减性；

（3）对于已经报废产品，具有价值递增性；

（4）信息传递失真性增加。

五、产品回收物流系统模型与回收物流技术

1. 回收物流系统模型

回收物流系统模型见图4-1。

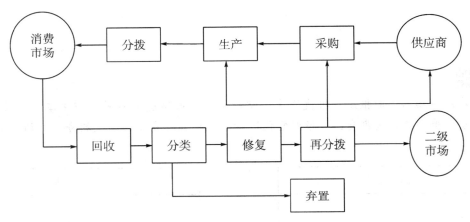

图4-1 回收物流系统模型

2. 产品回收物流技术

（1）收集集货物流技术，如废纸收集、集中、批量供应给回收加工业。

（2）拆解及破碎分拣物流技术，如报废汽车经过分拆，以各种新的材料进入到新一轮的循环利用。

（3）回送复用物流技术，如废玻璃瓶作为再生资源送回给生产企业成为再生资源。

（4）联产供应物流技术，如电厂排放的粉煤灰通过管道运送供应给生产企业，进行加工处理。

试一试

请将图4-2中左边的物流技术进行归类，分别与对应回收/废弃物物流技术进行连线分类。

折解分拣物流技术
净化处理技术
回收复用物流技术
收集集货物流技术
联产供应物流技术
焚烧
掩埋
堆放

回收物流技术

废弃物物流技术

图 4-2 物流技术分类

六、回收物流的意义

回收物流不仅是一种环境保护策略，而且是一种节约资源、降低污染，能为企业带来明显经济效益的企业战略。废旧物品的回收利用，可使社会资源量相对增加，节约各种资源；减少了废旧物品对环境的污染；可创造更好的经济效益。

试一试

废旧电池回收废弃物物流

废旧电池经过长期机械磨损和腐蚀，其内部的重金属和酸碱等会泄漏出来，进入土壤或水源，就会通过各种途径进入食物链，危害人类的健康。我国电池产量约占全世界电池产量的1/2，近年我国电池出口贸易快速增长，已成为全球关注的重点行业。

欧盟在 2006 年 5 月通过一项指令，要求从 2008 年开始，强制回收废旧电池，回收费用由生产厂家负担。欧盟该指令要求：从 2009 年开始，所有在欧盟境内销售的电池都必须标明具体使用寿命；2012 年之前，欧盟境内 1/4 的废电池必须被回收；到 2016 年时，这一比例应达到 45%。这项指令目前已获欧盟理事会与欧盟议会批准，即将成为欧盟法律。

我国作为世界电池制造和出口大国，欧盟的该项法令对我国电池制造业的回收问题提出了严峻考验。

目前我国废弃电池回收渠道不畅，没有机构对废弃电池专门设点回收，我国迄今为止尚没有一家专业的、能够批量处理废电池的企业。

请思考并回答以下问题：

（1）欧盟为什么要强制回收废旧电池？

（2）我国电池制造企业该如何应对？

知识拓展

任务1拓展阅读：废弃物回收物流
的现状分析及对策研究

任务实施

阅读以下背景资料，由各小组结合所熟悉某领域产品制订出产品物流回收方案，思考并描述该回收物流的意义，制作PPT进行成果展示。

资料1：生产中的钢铁、纸浆、玻璃等绝大部分都来自废弃物的回收再生。据统计，回收1吨废钢铁，可炼出好钢900千克，节约铁矿石2吨，石灰石600千克；优质煤1吨，可节约能源75%，节约水40%；回收1吨废杂铜可提炼电解铜860千克，可节约铜矿石60吨，节约电能50%左右；回收1吨废纸可造新纸张800千克，可节约煤500千克，节约电500千瓦时；回收1吨废玻璃可生产好玻璃900千克或生产500克装瓶子2 000个，节约成本20%左右。

资料2：在煤炭大省内蒙古自治区的蒙西高新技术工业园、鄂托克经济开发区等地，处处可见循环经济的发展模式，这一模式正在由点到面、由浅入深地开展，将过去废弃的东西，特别是污染物进行回收，加工处理，变废为宝。"三废"变成了"三宝"，形成了"煤矸石—电—高载能—粉煤灰—氧化铝—水泥，煤—电—冶金—化工，煤—焦—油（气）—化工"等多条循环经济产业链条。

资料3：耐克公司鼓励消费者把他们穿破的耐克鞋送回至购买时的商店，这些废弃的鞋子被运回耐克公司，然后碎化，制成篮球场地和跑道，并成立基金维护这些篮球场。耐克公司的这种经营策略虽然会增加成本费用，但这种行为却提升了耐克品牌的价值，并且还促使消费者购买他们的商品。

资料4：电子垃圾有一定的经济价值。据统计，报废的手机中平均含有14克的铜、0.19克的银、0.03克的金等贵金属。这些资源如果不加以回收再利用，轻易地丢弃，是对社会财富的极大浪费。

任务评价

完成任务评价表，见表4-1。

表4-1　任务评价

项目	评价标准	分值	自我评分	小组评分	教师评分
专业能力 50分	了解回收与废弃物物流的区别	10分			
	对回收物流技术的掌握	15分			
	回收物流流程的设计与优化	15分			
	对回收物流的作用与意义的掌握	10分			
方法能力 20分	获取信息能力	5分			
	解决问题能力	5分			
	独立工作能力	10分			
社会能力 20分	团结协作能力、人际交往能力、职业适应能力、语言表达能力、规范行为能力等社会能力	20分			
思政感悟 10分	了解回收物流的经济意义与社会意义，能秉承节约与合理使用社会资源的原则去思考我国回收物流的未来发展规划	10分			
综合得分		100分			
评语 （请完成评价后进行评语撰写，可以就课堂表现中的优缺点、掌握的知识与技能、方法能力与社会能力等情况进行评价）					

知识检测

一、不定项选择题

1.（　　）是指在中心城区的大型超市设立废旧电池回收点，进行有偿回收。

 A. 废旧电池回收箱定点收集　　　　B. 超市有偿回收

 C. 企业和单位产生的电池独立回收　　D. 个人回收

2. 回收物流特点有（　　）方面。

 A. 逆返性

 B. 对于退货或召回产品，具有价值递减性

C. 对于已经报废产品，具有价值递增性

D. 信息传递失真性增加

3. 产品回收物流按材料属性分为（　　）类型。

A. 钢铁和有色金属制品回收物流　　　　B. 橡胶制品回收物流

C. 木制品回收物流　　　　　　　　　　D. 玻璃制品回收物流

二、判断题

1. 回收物流是指在生产、流通、消费各环节中产生的不再被消费者需求的废旧物品变成被消费者认可的产品这一整个过程的所有物流活动。（　　）

2. 回收物流和废弃物物流是一回事。（　　）

3. 废弃物物流主要指对丧失再利用价值的排放物，对其进行焚烧、掩埋、堆放净化处理所形成的流动形式。（　　）

4. 废玻璃瓶作为再生资源送回给生产企业成为再生资源属于拆解及破碎分拣物流技术。（　　）

5. 废弃物物流不仅是一种环境保护策略，而且是一种节约资源、降低污染，能为企业带来明显经济效益的企业战略。（　　）

任务 2　退货物流业务操作

学习目标

1. **知识目标**

■ 掌握退货物流的概念。

■ 掌握退货物流发生的原因。

■ 掌握管理退货物流的措施。

2. **能力目标**

■ 能够掌握产品退货物流的流程。

■ 能够对退货物流的流程进行优化。

3. **素养目标**

■ 能够掌握理论与实践相结合的学习方法。

■ 能够提升分析能力、表达能力、文字处理能力及团队合作能力。

■ 能够提升回收物流流程策划能力及物流职业能力。

4. **思政目标**

■ 通过学习退货物流管理对企业的重要性，能意识到退货物流给企业带来的机会，通过思考退货的发生改良产品或服务，进而提升企业满意度，为行业社会服务水平提升贡献一份力量。

建议学时

4 课时

学习课件

任务描述

云景培训机构因更换新机，从新科电脑公司采购了一批新的台式电脑，但在到货验收时，云景培训机构的员工发现有部分电脑型号不对需要进行退货处理，于是联系到新科电脑公司销售部的小李，而小李是新进的员工，之前并未帮客户进行过产品的退货操作，请你通过学习，帮小李梳理一下应该如何规划此次云景培训机构退货的物流流程。

任务分析

一、退货物流的概念

退货物流是指对已采购但验收不合格的原材料和零部件的退货，以及与已售出商品的退货有关的运输、验收和保管有关的物流活动。它是商品从消费终端（即消费者）到商品供应源之间的流动。它与正向物流无缝对接而成为整个物流系统的有机组成部分。

想一想

随着市场经济的快速发展，企业市场竞争优势越来越取决于现代物流提供的速度、成本、服务以及效率。企业强化竞争发展优势需要对物流过程进行控制，通过不断改进物流绩效管理，提高运行效率，获取更大的竞争优势，创造更好的企业价值。而作为物流的一个重要组成部分——退货物流，已经开始受到各行业的关注。据悉，全球知名的化妆品品牌雅诗兰黛一年的销售额高达 40 亿美元，而其每年因为退货和损坏的商品也很惊人，退货额达 1.9 亿美元，约占销售额的 4.75%。美国的消费电子业，每年的退货额超过 150 亿美元。如今，美国各行业每年的退货额已达到 650 亿美元。这些巨大的数字反映的只是一个品牌、一个行业和一个国家为退货承受的损失。人们完全可以将这些数据放大至少

5 倍，以估测全球的退货状况。

请思考并回答以下问题：

（1）你觉得退货的原因可能有哪些方面？

（2）你是否有过退货经历，流程是怎样的？

二、退货的分类与退货物流的特点

1. 退货的分类

退货按成因、途径和处置方式的不同以及不同的产业形态，分为：投诉退货、终端退货、商业退货、维修退货。其中投诉退货的原因包括：运输短少、产品部件缺少、订单输入出错、产品缺陷、质量问题、产品过期和重复运输等。

退货的分类见表 4-2。

表 4-2 退货的分类

类别	周期	驱动因素	处理方式	例证
投诉退货	短期	市场营销、客户满意服务	确认检查，退换货补货	电子消费品如手机、DVD机、录音笔等
终端退货（经完全使用后需处理的产品）	长期	经济市场营销	再生产、再循环	电子设备的再生产，地毯循环，轮胎修复
		法规条例	再循环	白色和黑色家用电器
		资产恢复	再生产、再循环、处理	电脑元件及打印硒鼓
商业退货（未使用商品退回还款）	短到中期	市场营销	再使用、再生产、再循环、处理	零售商积压库存，时装、化妆品
维修退货（缺陷或损坏产品）	中期	市场营销法规条例	维修处理	有缺陷的家用电器、零部件、手机

2. 退货物流的特点

（1）退货物流产生的地点、时间和数量是难以预见的；

（2）发生退货物流的地点较为分散、无序，不可能集中一次向接受点转移；

（3）退货物流发生的原因通常与产品的质量或数量的异常有关；

（4）退货物流的处理系统与方式复杂多样，不同处理手段对恢复资源价值的差异显著。

三、退货物流管理的思路

对大部分企业而言，退货物流管理需要处理大量协调、解释、安排、处置、跟踪的工作，所以经常是很被动地对待退货物流，甚至认为退货物流是多余的，退货的流量应该越小越好。从节约成本和环境保护的角度考虑的确如此。但如果换一个角度考虑，是不是退货量越小就越好呢？消费者退货从某种角度来看，是企业的一笔财富，也是企业增加顾客忠诚度和管理创新的来源之一。因为商品的退回可使企业及时发现其在经营过程中的失误，从而加以改进和进行管理技术的创新；退货也许还代表着消费者新的需求，有利于企业开创新的商机。

四、加强退货物流管理的意义

1. 降低成本，提高收益率

随着行业竞争的加剧，企业利润率已很难通过正常的经营竞争得以提高，使得控制成本、降低运营成本成为企业竞争的主要手段。通过较好的控制退货物流，降低成本，提高收益率，对于企业具有重要的意义。

2. 提高顾客价值，增加竞争优势

在当今顾客驱动的经济环境下，顾客价值已成为决定企业生存和发展的关键因素之一。众多企业通过加强对退货物流的管理来提高顾客对其企业或服务的满意度，赢得顾客的信任，从而增加其竞争优势。为吸引顾客，目前很多企业在顾客退货方面都制定了比较宽松的政策。对于最终顾客来说，退货物流能够确保不符合顾客要求的商品及时退货，有利于消除顾客的后顾之忧，增加其对该企业的信任感及回头率，扩大企业的市场份额。

3. 改善环境行为，塑造企业形象

随着人们生活水平和文化素质的提高，环境意识日益增强，消费观念发生了巨大变化，消费者对环境的期望越来越高。企业的环境业绩已成为评价企业运营绩效的重要指标。为了改善企业的环境行为，提高企业在公众中的形象，许多企业纷纷采取退货物流战略，以减少产品对环境的污染及资源的消耗。

五、退货物流作业流程

企业退货作业可按照以下流程进行：

（1）提出退货申请。配送中心理货人员填写退货单，并详细注明退货原因及数量。采购部审核后，通知供应商，与供应商就退货事宜及费用进行沟通，供应商在退货单上签字确认。

（2）完成退货物流。配送中心组织物流退货，仓库做商品出库登记，供应商收货确认。

（3）进行退货结算。采购部填写退货结算单，交与财务部。财务部与供应商就退货商品进行货款结算。

试一试

2022 年 7 月 15 日，某连锁企业配送中心接到供应商的送货。配送中心接到的送货信息如表 4-3 所示。

表 4-3　送货信息

序号	品名	数量	规格	单位	备注
1	农夫山泉矿泉水	30	200 毫升×24	箱	
2	统一方便面	30	120 克×50	箱	
3	舒肤佳香皂	10	130 克×20	箱	

张鹏在商品验收过程中，发现有 1 箱农夫山泉矿泉水破损，并且渗漏的水将 4 箱统一方便面浸湿。根据验货结果，他需要对涉及的相关商品进行退货作业，请你描述退货流程，并根据退货流程绘制退货流程图示。

六、减少发生退货物流的措施

从供应链的角度来讲，退货物流会导致企业管理成本增加或利润的减少，因此，应该努力减少不必要的退货物流。我们可以通过以下措施尽可能地减少退货物流。

（1）努力提高销售水平。在企业退货物流中，很大一部分是来自消费者的无缺陷退货。如果在销售前，企业能够对消费者就产品的外观、型号、功能、使用等进行耐心的讲解、说明以及操作使用示范，就可以大大地减少无缺陷退货率。因此，只要企业在销售活动中提高销售水平，就可以有效减少部分无缺陷退货。

（2）缩短订货提前期，提高对市场预期的准确度。在无缺陷退货物流中，有一部分是由于企业销售季节结束而没有销售完的剩余商品的退货。企业可以通过引入快速反应机制，缩短订货提前期；同时提高对市场需求的预期准确度，就可以减少这部分退货物流。

（3）要求供应链各环节加强质量管理。由于商品质量问题引发的有缺陷退货也成为当今企业退货物流中一个很重要的部分。在供应链各个环节，加强质量管理，提升质量意识，同时要求生产商不断改进生产技术和生产工艺，把最好的、质量合格的产品交给消费者，也是减少退货物流的一个重要措施。

（4）提高物流运作水平。物流运作不当造成商品损坏也是退货物流一个很重要的方面。规范物流管理，提高物流运作水平特别是装配和配送水平，可减少不必要的商品损坏以及商品送达不及时，最终达到减少退货物流的目的。

七、加强退货物流管理的策略

尽管通过部分措施可最大限度地减少退货物流，但不可能完全杜绝，总会或多或少存在退货物流。那么，如何对产生的退货物流进行有效的管理，最大限度地保存退货物流的价值，减少或消除退货物流引起的损失，是企业必须认真面对的问题。

（1）设立专门的退货物流管理中心。退货物流是企业物流活动的重要组成部分，企业的高层管理者要充分重视退货物流管理，树立退货物流成本管理意识。为此，企业要设立专门的退货物流管理机构来管理退货物流，做到对退货物流及时、快速、准确的反应。

（2）加强与第三方物流企业的合作。随着退货物流的增加，完全靠企业自身的力量来处理退货物流将会力不从心，甚至延误退货的处理时机，导致退货商品的价值贬值加快。第三方物流企业拥有专业化的管理技术、完善的基础设施和良好的运输服务网络。因此，企业可以将退货物流活动外包给第三方物流企业，从而把退货物流管理做得更好。

（3）加强供应链中各节点企业间退货物流的合作与信息共享。一般来说，退货商品的价值随时间的流逝贬值很快，这要求供应链中各节点企业要建立良好的合作，对出现的退货商品按照有关协议进行及时处理或移交给上游企业；同时，供应链各企业要对消费者的退货信息以及退货商品在供应链各企业的处理信息进行共享，从而能够最大限度地减少因时间拖延造成的贬值损失。

（4）与供应链企业共同管理退货物流。退货物流产生的主要原因之一就是消费者退货，而退货的重要原因又在于商品质量和设计等问题。因此企业需要以供应链思维来进行商品设计，充分满足消费者的需求；在商品设计时就考虑如何使回流商品的后续处理更容易，以便于商品的翻新、再制造或原料的回收。通过在商品设计、制造环节等源头就尽可能地考虑退货因素，可以减少退货物流的发生率。

试一试

越来越多的企业认识到退货管理的重要性，它们采取积极的措施节约资金、提高客户满意度。没有人喜欢产品退货，但是这个供应链的不可避免的"肿瘤"正在引起企业的关注，企业已经认识到退货管理对客户关系、品牌忠诚度和净收益的重要性。特别是刚刚过去的这一年，我们注意到更多的执行主管关注这一领域，他们想了解为什么会产生退货、退货对财务的影响，以及如何降低退货。退货管理很复杂，不仅包括需要快速地再储存和再销售的产品，还包括需要修理、整修的产品，这些产品往往有保修卡，以及根据环保要求需要安全处理的产品。对于销售供应链，我们会根据不同的产品成倍增加销售渠道；同样地，逆向物流也需要增加渠道。但是，由于所有的退货不能以同样的方式处理，而且退货占所有售出产品的20%，所以退货管理对大多数企业来说还是一个棘手的问题。

一、曼哈顿的退货解决方案

为了帮助消费者处理不同的退货，曼哈顿合伙企业——美国亚特兰大一家供应链提供商与其他的软件提供商设计了新的解决方案。大多数企业都有自己处理退货的方针，要遵循许多的供应商规则，但是这些方案都不简单。据曼哈顿合伙企业逆向物流的高级总管David Hommrich介绍，其实每一个企业都会有自己的退货产品的处理政策，但是由于每一个企业的政策不同，加上操作人员对其不熟悉，使得处理退货的政策指南只能束之高阁，无人问津。因此，曼哈顿合伙企业的一个目标就是要使退货政策深入人心。

曼哈顿合伙企业的"退回供应商"模型能够把所有供应商退货管理的政策纳入计划。比如，一个DVD制造商要求每次退回的DVD数量为20。那意味着企业必须搁置19件，直到第20件到来才能处理。然而，曼哈顿的"退回供应商"模型可以自动生成一个拣选票据，并且能够把票据传输给仓储管理系统。这样，曼哈顿合伙企业就可以避免退货管理中经常出现的问题。

此外，曼哈顿合伙企业的退货政策还具有"守门"功能，可以防止不符合条件的产品的退回。例如，一个制造商可能与一家批发商签订协议，不管是否是质量问题，都只允许一定比例的退货。在这种情况下，企业就必须实时掌握退货的数量。一些企业只允许批发商每季进行一次退货，另一些企业的退货数量与产品的生命周期有关。不管哪种情况，都涉及"守门"功能。曼哈顿合伙企业按照退货处理政策，以关系、产品或环境为基础，动态地解决各种情况，自主决策。

二、CellStar退货解决方案

Yantra是美国马萨诸塞州吐克斯伯利镇的一家供应链执行商。该企业也使用退货政策来管理保修问题。保修问题只是Yantra的客户——CellStar提供的诸多逆向物流服务中的一种。CellStar是美国德克萨斯州北部卡罗顿市的一家移动电话的物流服务提供商。CellStar提供的一项新服务——Omnigistics，是专门为移动电话退货处理设计的。据CellStar副总裁兼总经理克里斯·史密斯介绍，该企业的前向物流非常成熟，但是逆向物流非常薄弱，绝大多数使用电子制表软件和其他国产软件。

另外，移动电话行业还有许多问题。不同的移动电话不仅结构、样式各异，所应用的软件技术不同，而且保修政策也各不相同。严格来讲，每月都有无数个移动电话从客户端退回。这些退回的移动电话都必须经过检验和评估，以确定是否能保修、修理是否经济。特别是当客户退回在保修期内的电话时，企业又得给客户另外一部电话，新移动电话的平均销售价格为150美元，又是一笔昂贵的费用。CellStar提供的Omnigistics服务主张为客户修好那部移动电话，而不是换部新的，这样就可以降低30%~40%的成本。

由于Omnigistics的诞生，当客户的移动电话出现问题并且在保修期内时，他们会直接打电话到电话中心。然后，电话中心记录下这部电话的信息，并通过电子数据传输给CellStar一份那个客户的资料。第二天，CellStar就会邮递给客户另外一部价格、型号相当的新电话。收到这部新电话的同时，客户会用刚刚收到的包装退回那部出现问题的电话。在最初客户给电话中心打电话时，有关这部电话的所有信息，包括产品序列号，都会被输入Yantra的系统。序列号也有助于Omnigistics确定产品是否仍然在保修期内。同时，当退回的产品在逆向物流链上流动时，也可以计算出它的劳动成本。

Omnigistics不仅带来成本的降低和客户服务水平的提高，而且使企业获取了更多的信息。CellStar向零售商和制造商报告修理任务的总数，可以获取许多有关有价值的可靠信息，这可以使企业提前采取措施。另外，CellStar按照环保要求处理退货产品为公司的发展提供了很大的发展空间。因为2005年加利福尼亚州将实行一部新的法律，这部法律要求移动电话的运输商和零售商必须按照环保要求处理终端电话。

三、东芝的退货解决方案

东芝电脑的退货管理存在着不同的问题，因为客户想要他们之前使用的、存有所有资料的那个电脑，替代电脑根本不行。因此，客户满意的两个关键因素是速度和第一时间的修理。如果东芝忽略了这两个因素中的任意一个，客户满意度就会降低。

东芝采用六西格玛法寻找缩短修理时间的解决方案。东芝想要外包这项业务，起初对合作伙伴的选择犹豫不决——选择修理企业，还是物流企业？实际上，对于大规模的退货处理业务，具备修理和物流服务双重功能的企业很少。最后，东芝选择了 UPS 集团旗下的供应链管理解决方案事业部（UPS supply chain solutions）——具备修理能力，更为重要的是其在物流领域处于核心地位。在物流与修理服务两者之间，东芝更加注重物流，因为东芝坚信修理技能可以学习、改进，而物流模型难以模仿。

UPS 位于美国路易斯维尔的航空物流中转中心也是一个大的有利条件。东芝的零件存储和修理中心都位于路易斯维尔。结果，双方合作以后，库存竟然变得非常好，因为零部件不用离开工厂。而且，修理周期也大大缩短，由过去的 10 天降为 4 天。在修理周期缩短方面 UPS 发达的店铺网络贡献最大。现在，UPS 再也不用花费几天时间，邮寄给客户一个替代的退回产品。客户可以去往任何一家 UPS 店铺，店铺会为客户包好产品并在当天送出。

四、Neiman Marcus 的退货解决方案

能够很容易地使产品在供应链上逆向传输对退货管理非常重要。美国德克萨斯州达拉斯市的一家高消费阶层的零售商 Neiman Marcus，采用 Newgistics 提供的"敏捷标签"（SmartLabel）解决方案，实现了小包装客户退货产品在供应链上的逆向传输。

据 Neiman Marcus 的副总裁 Greg Shields 介绍，Neiman Marcus 在运输一件产品的时候，会将运输标签和拣选单据放入包装箱（盒）中，这张标签记录了产品的信息。同时，拣选单据也附有一个便于退货处理的"敏捷标签"。敏捷标签的条形码上记录了装运的所有必要信息。如果客户决定退回产品时，他可以使用同样的包装材料并再次使用这个敏捷标签。客户可以把包装好的退货产品送到任意一家邮局，或者放进家附近的邮筒。然后，Newgistics 从邮局取出这些包裹，运送到自己的工厂进行拣选和拼装。Newgistics 按照纸板箱的尺寸用托盘装运，这又降低了劳动成本。而且，Newgistics 会送出运前通知，这使得Neiman Marcus 能够及早行动，非常快地处理好退货。平均来讲，Neiman Marcus 处理一件退货产品只需要 3.77 天。在退货产品的同一天，企业就能处理 50%，这大大提高了客户满意度。在一项对客户满意度的调查中，超过 90% 的客户认为 Newgistics 的服务是五星级，这也是最高的等级。此外，这项服务使零售商也非常满意。

资料来源：佚名. 著名企业退货物流管理对比分析［EB/OL］.（2007-07-25）［2023-01-04］. http://m.simic.net.cn/news-show.php? id=1058.

通过阅读以上案例，相信你也觉得退货物流正在成为企业竞争中的重要组成部分，请根据以上案例及所学内容启发思考，各企业是如何设计及优化退货物流来提高客户满意度从而提升企业竞争力的？

知识拓展

任务1拓展阅读：废弃物回收物流
的现状分析及对策研究

任务实施

以小组为单位对任务内容进行分析，思考如何帮助小李来梳理此次退货物流的流程，完成以下内容的分析：

1. 导致此次退货物流的原因；
2. 退货物流的流程设计；
3. 今后如何避免这类退货物流的产生。

请各小组完成任务内容后进行成果分享。

任务评价

完成任务评价表，见表4-4。

表4-4　任务评价

项目	评价标准	分值	自我评分	小组评分	教师评分
专业能力 50分	对退货物流概念的了解	5分			
	对退货物流产生原因的了解	15分			
	退货物流流程的掌握	15分			
	退货物流管理措施的掌握	15分			
方法能力 20分	获取信息能力	5分			
	解决问题能力	5分			
	独立工作能力	10分			
社会能力 20分	团结协作能力、人际交往能力、职业适应能力、语言表达能力、规范行为能力等社会能力	20分			

表4-4（续）

项目	评价标准	分值	自我评分	小组评分	教师评分
思政感悟 10分	通过学习退货物流管理对企业的重要性，能意识到退货物流给企业带来的机会，通过对退货的发生思考改良产品或服务，进而提升企业满意度，为行业社会服务水平提升贡献一份力量	10分			
综合得分		100分			
评语 （请完成评价后进行评语撰写，可以就课堂表现中的优缺点、掌握的知识与技能、方法能力与社会能力等情况进行评价）					

知识检测

一、不定项选择题

1. 退货物流的作业包含：（1）完成退货物流；（2）提出退货申请；（3）进行退货结算。请问退货物流的作业流程排序正确的是（　　　）。

　　A.（1）-（2）-（3）

　　B.（3）-（2）-（1）

　　C.（2）-（1）-（3）

　　D.（1）-（3）-（2）

2. 以下（　　　）属于减少发生退货物流的措施。

　　A. 缩短订货提前期，提高对市场预期的准确度

　　B. 要求供应链各环节加强质量管理

　　C. 努力提高销售水平

　　D. 提高物流运作水平

3. 关于加强退货物流管理的意义有以下（　　　）方面。

　　A. 降低成本，提高收益率

　　B. 让客户退货门槛变高，从而停止退货申请

　　C. 提高顾客价值，增加竞争优势

　　D. 改善环境行为，塑造企业形象

二、判断题

1. 合适的退货量是多重变量作用的结果，并不是越少越好。　　　　　　　　　（　　　）

2. 退货物流管理需要处理大量协调、安排、处置、管理与跟踪的工作，企业才能完

成资源的价值再生。 （ ）

3. 退货物流是指为恢复价值或合理处置，而对最终产品及相关信息，从消费地到起始地的实际流动所进行的有效计划、管理和控制的过程。 （ ）

4. 退货物流是独立与逆向物流的一种物流方式。 （ ）

5. 投诉退货的原因可能包括：运输短少、产品部件缺少、订单输入出错、产品缺陷和质量问题、产品过期、重复运输等。 （ ）

任务3　逆向物流业务操作

学习目标

1. **知识目标**
   ■ 掌握逆向物流的概念。
   ■ 了解逆向物流的分类、特征。
   ■ 掌握逆向物流的战略意义。
   ■ 了解逆向物流分别与绿色物流、正向物流的对比。

2. **能力目标**
   ■ 能够掌握企业逆向物流的类型与应用。
   ■ 能够对企业逆向物流战略进行规划。

3. **素养目标**
   ■ 能够掌握理论与实践相结合的学习方法。
   ■ 能够提升分析能力、表达能力、文字处理能力及团队合作能力。
   ■ 能够提升对回收物流流程策划能力及物流职业能力。

4. **思政目标**
   ■ 学习掌握逆向物流对于企业和社会的战略意义，能根据所学在今后的学习与工作中进行相关实践应用，降低企业成本与节约社会资源。

建议学时

4 课时

学习课件

任务描述

　　随着业务量的扩大，新科电脑公司逐渐发现除了客户下订单出货的物流方式外，企业还有一些问题产品回收或修理、产品退货等问题存在，经过专业人士建议建成专业的逆向物流体系，但过去由于逆向物流情况占比不多，新科电脑公司只是独立各逆向物流的活动，请你通过学习给新科电脑公司一些专业的逆向物流的建议。

任务分析

一、逆向物流的概念与类别

（一）逆向物流的概念

　　逆向物流的概念最早是兰伯特（Lambert）和斯托克（Stock）在 1981 年提出的。他们将逆向物流描述为在单行道上走错了方向，这里的单行道是针对正向物流渠道而言的。

　　1999 年，戴尔·罗杰斯（Dale S. Rogers）和罗纳德·提本-伦布克（Ronald Tibben-Lembke）提出："逆向物流是这样一个过程，它规划、实施并控制了从消费点到供应起始点的物料、在制品库存、成品和相关信息的高效与低成本的流动，从而实现重新获取价值并妥善处置物资的目的。"

　　我国国家标准《物流术语》中的定义：逆向物流是指为物品从供应链下游向上游的运动所引发的物流活动，也称为反向物流。从狭义上看，逆向物流是通过分销网络系统将所销售的产品进行回收、处理的过程；从广义上看，逆向物流代表了与物料重新利用、节约资源及保护环境有关的一切活动，也包括减少正向物流过程中的物料消耗。美国物流管理协会对逆向物流的定义是：计划、实施和控制原料、半成品库存、制成品和相关信息，高效和成本经济地从消费点到起点的过程，从而达到回收价值和适当处置的目的。

（二）逆向物流的类别

　　（1）逆向物流按产品回收的途径、成因和处置方式分为：投诉退货、商业退回、维修退回、产品召回、使用结束回收、生产报废和副品回收、包装物回收。

　　（2）逆向物流按实施的主要原因分为：退货物流、价值回收物流、废弃物物流。

　　（3）逆向物流按回收物品特征分为：可直接再利用的产品、高价值产品的零部件、低价值产品的物料。

　　（4）逆向物流按回收品返回所处的时期分为：生产期返回、流通期返回、消费期返回。

想一想

思考并回答在日常生活当中有哪些属于逆向物流活动呢?

二、逆向物流形成的原因与其特征

(一) 逆向物流的形成原因

(1) 问题产品由于拒收和退货,由消费者流向经销商或生产商;

(2) 生产商或经销商出于对产品质量的负责,主动要求召回产品;

(3) 报废产品对于消费者而言,没有什么价值,随着逆向回流,报废产品在生产商终端可以实现价值再造;

(4) 由于信息传递失真,使产品从客户重新流回企业。

(二) 逆向物流的特征

(1) 逆向物流产生的地点、时间和数量难以预见;

(2) 发生逆向物流的地点较为分散、无序,不可能集中一次向接受点转移;

(3) 逆向物流发生的原因通常与产品的质量或数量的异常有关;

(4) 逆向物流的处理系统与方式复杂多样,不同处理手段对恢复资源价值的贡献差异显著。

三、逆向物流的发展历程

逆向物流的发展历程包括退货逆向物流阶段、经济逆向物流阶段、环保逆向物流阶段、循环逆向物流阶段四个阶段。

循环经济是一种促进人与自然的协调与和谐的经济发展模式,它要求以"减量化 (reduce)、再使用 (reuse)、再循环 (recycle)"为社会经济的活动准则,运用生态学规律把经济活动组织成一个"资源—产品—再生资源"的反馈性流程,实现"低开采、高利用、低排放",以最大限度地利用进入系统的物资和能量,减少污染排放,提升经济运行质量和效益。

四、逆向物流的战略意义

(一) 逆向物流对企业的战略意义

(1) 利用逆向物流强化竞争优势;

(2) 获得经济收益;

(3) 改善企业形象,获取社会效益;

（4）促进企业质量管理体系的不断完善；

（5）参与国际竞争的需要。

（二）逆向物流对社会的战略意义

逆向物流改变了原来由"资源—产品—废弃物排放"所构成的开环型物质单向流动模式，而形成了"资源—产品—再生资源"的闭环型物质流动系统，从而在经济系统和生态系统之间架起彼此联系的"桥梁"，提高了物流系统及整个供应链经济效益、社会效益和生态效益。

逆向物流的构建使原来单向的物流转变为完整循环的物流网，它能最大限度地重复利用不可再生资源，同时尽可能少地消耗能源。因此，逆向物流对于促进社会经济的可持续发展有着不可估量的贡献和作用。

五、逆向物流的关系对比

（一）逆向物流与绿色物流

1. 绿色物流的概念

绿色物流是指物流过程中抑制物流对环境造成危害的同时，实现对物流环境的净化，使物流资源得到最充分的利用。

2. 绿色物流的内涵

（1）绿色物流是共生型物流；

（2）绿色物流是资源节约型物流；

（3）绿色物流是循环型物流。

3. 逆向物流与绿色物流

逆向物流与绿色物流见图4-3。

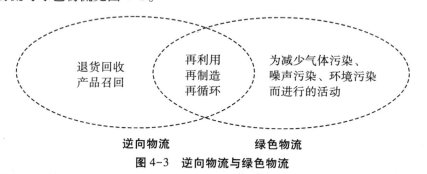

图4-3　逆向物流与绿色物流

试一试

请简要叙述逆向物流与绿色物流的差别。

（二）逆向物流与正向物流

逆向物流是在正向物流运作过程中产生和形成的，没有正向物流，就没有逆向物流；逆向物流流量、流向、流速等特性是由正向物流属性决定的。在一定条件下，正向物流与逆向物流也可以相互转化（见图4-4）。

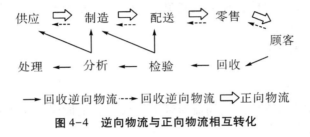

图4-4　逆向物流与正向物流相互转化

想一想

请简要叙述逆向物流与正向物流的比较。

试一试

曾经由于忽视逆向物流造成的巨额利润流失，雅诗兰黛公司痛下决心，决定改善其逆向物流管理系统。于是它购买了用于逆向物流的扫描系统、商业智能工具和数据库。

在系统运转的第一年，该系统就为雅诗兰黛带来了以前只有通过裁员和降低管理费用才能产生的成本价值。其后，逆向物流系统通过对雅诗兰黛24%以上的退货进行评估，发现这些退货中可以再次分销的产品居然是真正需要退回的产品的1.5倍。

与此同时，系统对超过保质期的产品识别精度也大大提高。据雅诗兰黛逆向物流部门的主管经理预计，今后几年只要信息系统和营运系统能够基于更严格的退货时间识别出过保质期的产品，产品销毁率完全能大大降低。

资料来源：佚名. 电子商务环境下的逆向物流［EB/OL］. （2020-08-10）［2023-01-04］. https://www.gb56.net/news/2361.shtml.

根据以上案例内容思考：逆向物流对企业和社会的战略意义。

任务实施

以小组为单位对任务内容进行分析，思考如何帮助新科电脑公司更好地完成其逆向物流的规划呢？各小组完成后派代表进行方案展示。

任务评价

完成任务评价表，见表4-5。

表4-5　任务评价

项目	评价标准	分值	自我评分	小组评分	教师评分
专业能力 50分	对逆向物流概念的了解	5分			
	对逆向物流分类的掌握	15分			
	掌握逆向物流的战略意义	15分			
	逆向物流与其他物流的关系	15分			
方法能力 20分	获取信息能力	5分			
	解决问题能力	5分			
	独立工作能力	10分			

表4-5(续)

项目	评价标准	分值	自我评分	小组评分	教师评分
社会能力 20分	团结协作能力、人际交往能力、职业适应能力、语言表达能力、规范行为能力等社会能力	20分			
思政感悟 10分	学习掌握逆向物流对于企业和社会的战略意义，能根据所学在今后的学习与工作中进行相关实践应用，降低企业成本与节约社会资源	10分			
综合得分		100分			
评语 (请完成评价后进行评语撰写，可以就课堂表现中的优缺点、掌握的知识与技能、方法能力与社会能力等情况进行评价)					

知识检测

一、不定项选择题

1. 下列属于逆向物流的是（　　）。
   A. 电器厂收入原料　　　　　　　　B. 纺织厂产品流向零售店
   C. 钢铁厂回收废钢铁　　　　　　　D. 城市生活垃圾废弃

2. 逆向物流包括（　　）。
   A. 退货逆向物流　　　　　　　　　B. 回收逆向物流
   C. 常规物流　　　　　　　　　　　D. 正向物流

3. 广义的逆向物流包括（　　）。
   A. 生产物流　　　　　　　　　　　B. 回收物流
   C. 废弃物物流　　　　　　　　　　D. 销售物流

4. 逆向物流对企业的战略意义有（　　）。
   A. 利用逆向物流强化竞争优势　　　B. 获得经济收益
   C. 改善企业形象，获取社会效益　　D. 促进企业质量管理体系的不断完善

二、判断题

1. 发生逆向物流的地点较为分散、无序，不可能集中一次向接受点转移。　　（　　）

2. 逆向物流是指为物品从供应链下游向上游的运动所引发的物流活动，也称为反向物流。　　　　　　　　　　　　　　　　　　　　　　　　　（　　）

3. 绿色物流是指物流过程中抑制物流对环境造成危害的同时，实现对物流环境的净

化，使物流资源得到最充分的利用。　　　　　　　　　　　　　　　　（　　）

4. 逆向物流对于促进社会经济的可持续发展有着不可估量的贡献和作用。　　（　　）

5. 逆向物流是在正向物流运作过程中产生和形成的，没有正向物流，就没有逆向物流。

（　　）

项目小结

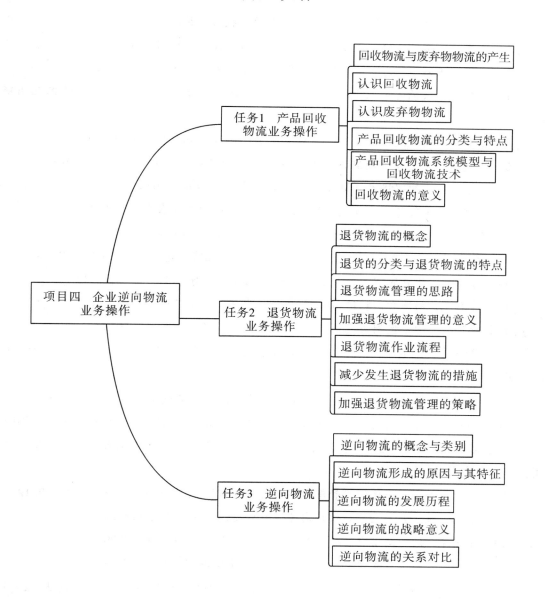

参考文献

［1］何婵. 采购管理［M］. 南京：南京大学出版社，2017.

［2］徐武，王瑛. 采购与仓储［M］. 北京：清华大学出版社，2007.

［3］梁军，王刚. 采购管理［M］. 2 版. 北京：电子工业出版社，2010.

［4］腾宝红，采购管理实用流程·制度·表格·文本［M］. 北京：化学工业出版社，2020.

［5］苗长川，杨爱花. 仓储管理［M］. 北京：北京交通大学出版社，2011.

［6］张晓川，现代仓储物流技术与装备［M］. 北京：化学工业出版社，2013.

［7］王东. 仓储管理技术［M］. 北京：北京大学出版社，2010.

［8］彭建良. 销售与回收物流［M］. 2 版. 北京：中国财富出版社，2015.

［9］翁心刚，安久意. 销售物流［M］. 北京：中国财富出版社，2013.

［10］张庆英. 物流案例分析与实践［M］. 3 版. 北京：电子工业出版社，2018.

［11］李联卫. 物流管理案例及解析［M］. 北京：化学工业出版社，2015.

［12］李联卫. 物流案例精选与评析［M］. 北京：化学工业出版社，2019.

［13］李联卫. 物流案例与实训［M］. 北京：化学工业出版社，2009.

［14］周兴建，蔡丽华. 物流案例分析与方案设计［M］. 2 版. 北京：电子工业出版社，2018.

［15］孙明贺，张新颖. 采购实务［M］. 2 版. 北京：机械工业出版社，2016.

［16］胡军，黄瑶. 采购与供应战略习题与案例［M］. 北京：中国财富出版社，2010.

［17］谷祥盛. 生产运作与管理（实战图解版）：浅谈图解生产运作与管理［M］. 广州：广东经济出版社，2017.

［18］霍红，刘莉. 销售物流管理习题与解答［M］. 北京：中国财富出版社，2012.

［19］张彤，陈玉庚. 采购与供应实务［M］. 北京：中国物资出版社，2010.

［20］王忠宗. 采购与供应管理［M］. 厦门：厦门大学出版社，2009.

［21］杨丽. 采购供应管理案例［M］. 北京：中国财富出版社，2019.

［22］宫迅伟，李斌，赵平. 全面采购成本控制［M］. 北京：机械工业出版社，2019.

［23］金凤. 现代企业生产物流与采购管理研究［M］. 长春：东北师范大学出版社，2017.

［24］霍红，张玉斌. 生产物流管理习题与解答［M］. 北京：中国财富出版社，2014.

［25］高丽娜，赵东明. 生产物流运作实务辅导用书［M］. 北京：对外经贸大学出版社，2012.

［26］姚小凤. 生产现场精细化管理全案［M］. 北京：人民邮电出版社，2012.

［27］陈荣秋，马士华. 生产运作管理［M］. 6版. 北京：机械工业出版社，2022.